속도의 사상가
폴 비릴리오

Paul Virilio by Ian James
Routledge Critical Thinkers
© 2007 Ian James
All Right reserved.

Korean translation edition © 2013 LP Publishing Co.
Authorized translation from English language published by Routledge,
an imprint of the Taylor & Francis Group, UK
Arranged by Bestun Korea Agency, Seoul, Korea.
All rights reserved.

이 책의 한국어 판권은 베스툰 코리아 에이전시를 통해
저작권자와 독점 계약한 도서출판 앨피에 있습니다.
저작권법에 의해 한국 내에서 보호를 받는 저작물이므로
어떠한 형태로든 무단 전재와 무단 복제를 금합니다.

속도의 사상가
폴 비릴리오

이안 제임스 지음 | 홍영경 옮김

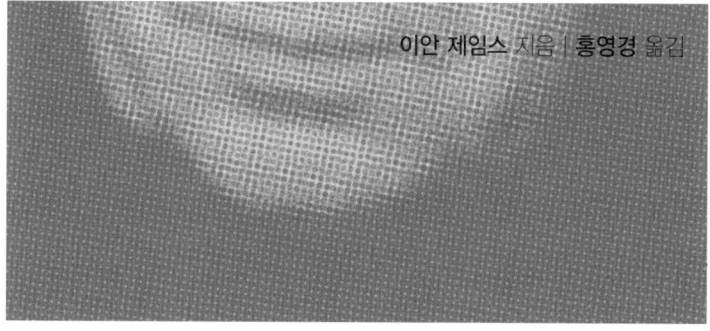

| 차례 |

왜 비릴리오인가?

테크놀로지의 예술 평론가 11
속도의 사상가 13
벤야민과 후설의 영향 16
테크놀로지의 현대성 18

제1장 지각의 정치 현상학과 형태, 시각의 틈

"무정부주의 기독교인" 23
도시계획과 건축 원리 25
현상학 28
그림 35
형태 37
시각의 틈 43

제2장 속도 질주학과 속도-공간, 빛-시간

속도학 혹은 질주학 51

속도공간과 질주 영역 54
빛시간 65
질주학Dromology 68

제3장 **가상화** 전달 수단·시각기계·가상 현전

세계의 사막화 77
가상 현전 81
시각기계 94

제4장 **전쟁** 벙커와 순수전쟁, 제4전선

대서양 연안에 남겨진 나치의 벙커 115
벙커의 고고학 120
총력적 평화 – 순수전쟁 130
지각의 병참학과 제4전선 137

제 5 장 **정치** 정치 공간과 정치 시간

공간 구축과 시간 경험의 관점에서 본 정치 151
정치 공간 155
정치 시간 163

제 6 장 **예술** 예술 사고

새로운 테크놀로지와 현대 예술의 위상 179
시험 중인 현대 예술 181
예술 사고 191

비릴리오 이후

전쟁이론과 국제정치학 203
매체 및 사회이론 206
도시계획과 환경 208
예술비평과 영화학, 테크놀로지 철학 209
역사와 미래 211

비릴리오의 모든 것

비릴리오가 쓴 텍스트 216
비릴리오 대담집 221
비릴리오에 대한 논의 223

참고문헌 225
찾아보기 229

왜 비빌리오인가?

Paul Virilio

■ **일러두기**

원어 표기 인명이나 지명은 외래어 표기용례를 따랐다. 단, 널리 알려진 이름이나 표기가 굳어진 명칭은 그대로 사용했다. 본문에서 주요 인물(생몰연대)이나 도서, 영화 등의 원어명은 맨 처음, 주요하게 언급될 때 병기했다.

출처 표시 주요 인용구 뒤에는 괄호를 두어 간략한 출처를 표시했다. 상세한 서지 사항은 책 뒤 〈참고문헌〉 참조.

도서 제목 본문에 나오는 도서 제목은 원 제목을 번역 표기하는 것을 원칙으로 하되, 국내에 번역 출간된 도서는 그 제목을 따랐다.

옮긴이 주 옮긴이 주는 (— 옮긴이)로 표기했다.

테크놀로지의 예술 평론가

폴 비릴리오Paul Virilio(1932~)는 20세기 후반에 등장한 독특한 사상가로 손꼽힌다. 비릴리오의 저작은 근본적으로 지각과 체화embodiment 문제에 관심을 기울이나, 사회와 정치 발전 문제에도 관심을 보인다. 그는 지속해서 다양한 주제에 관여하여 전쟁 및 군사전략의 문제, 영화의 역사, 현대 매체 및 통신의 속성, 우리 시대 문화 및 예술 생산의 형편 등을 다룬다. 그의 사유 폭은 놀라우리만치 넓어서 다방면의 학문에 없어서는 안 될 준거점을 제공한다. 정치와 국제관계이론 및 전쟁학, 매체 및 사회이론, 미학, 도시계획 및 환경 사유를 망라하는 비릴리오의 광범위한 관심사 안에서 테크놀로지 문제가 중심이 되어 결정적인 역할을 한다. 비릴리오가 이 시대에 꼭 필요한 사상가인 것은, 아마도 그의 저작이 테크놀로지 문제에 대한 철학의 지속적 관여에 뿌리를 두기 때문일 것이다. 비릴리오의 저작은 테크놀로지가 어떻게 왜 지금까지 인간 경험의 형성 및 역사 발전에 근본이 되었고 앞으로도 계속 그럴 것인지를 보여 준다.

근래 역사에서 테크놀로지 혁신이 담당한 결정적 역할을 논박할 이는 아무도 없을 것이다. 자동차 및 비행기 여행의 발명, 전화 통신, 영화 및 텔레비전의 발명은 19세기 말 이후로 줄곧 인간 경험의 모든 양상에 결정적 영향을 끼쳤다. 최근에는 인터넷, 디지털 매체 및 이동전화 테크놀로지의 발달이 가장 눈에 띄면서 구석구석까지 퍼져 테크놀로지 변화가 사회생활 및 정치 생활에 끼친 영향을 나타내는 지표로 꼽히게 되었다. 비릴리오 저작의 큰 강점은 테크놀로지에 대한, 또 개인 및 집단 경험의 형성에 테크놀로지가 행하는 역할에 대한 우리의 통상적이고 상투적인 사고방식에 이의를 제기하는 방식에 있다.

우리는 서로 다른 테크놀로지를 주로 수단이라는 측면에서 바라보기 쉽다. 달리 말해, 테크놀로지 장치들을 일정한 목적에 사용하는 도구로 보기가 쉽다. 그럴 때 우리는 그런 도구 자체를 중립적 혹은 가치중립적인 것으로 곧잘 가정한다. 이런 견해는 우리의 일상 활동과 운동, 통신 형태가 심층에서 우리가 사용하는 테크놀로지로 구조화되거나 결정된다는 사실을 무시한다. 그러나 이론가인 데이비드 캐플란David Kaplan의 표현을 빌리자면, "인간 생활에는 테크놀로지가 속속들이 배어 있다".(Kaplan 2004 : xiii)

테크놀로지 장치나 체계는 절대 그냥 도구가 아니라 하겠다. 오히려 "테크놀로지 장치와 체계는 우리 문화와 환경을 결정짓고, 인간 행위의 양상을 바꾸며, 우리의 현재 모습과 사는 방식에 영향을 미친다".(Kaplan 2004 : xiii) 아무리 생각해 보아도 테크놀로지를 중립적 혹은 가치중립적인 도구로 보는 도구주의자의 견해는 인정하기 어렵다. 설령 도구가 특정 목적 또는 목표를 위해 제작된다 해도 그것은 필연적으로 얼기설기 얽힌 인간들 생활 및 상호작용 속에 삽입되거나, 캐플란의 말대로 "인간과 테크놀로지가 순환 관계에 놓여 서로를 결정짓고 서로에게 작용하기"(Kaplan 2004 : xv) 때문이다.

| 속도의 사상가 |

1975년에 처음 책으로 출간되기 시작한 이래, 비릴리오의 저술은 인간과 테크놀로지 사이에 존재하는 이 순환 관계에 의문을 제기하는 쪽으로 나아갔다. 그는 전송 테크놀로지, 이를테면 한편으로는 운송 테크놀로지에, 다른 한편으로는 통신 테크놀로지에 큰 관심을 가졌다. 비릴리오는 아마도 속도의 사상가이자 전송속도 증대가 개별 지각을, 사회생활과 정치 생활 및 문화생활을 결정지은 방식을 사유한 사상가로 가장 잘 알려졌을 것이다.

　속도speed는 여러모로, 1970년대 중반 이후로 줄곧 비릴리오 저술을 밑받침하는 핵심 개념이다. 하지만 그가 현대 테크놀로지가 가져온 이동 및 전송의 가속화에만 관심을 기울인 것은 아니다. 이 책의 다음 몇 장에서 분명히 드러나겠지만, 비릴리오에게 속도나 상대운동relative movement은 우리 경험이 펼쳐지는 고유 영역 혹은 매체다. 그는 가속에 관심이 있는 만큼 속도 둔화, 즉 감속에도 관심이 있다. 현대의 운송 및 통신 테크놀로지로 우리는 장거리를 가로지르며 빠르게 이동하거나 즉시 통신할 수 있다. 그렇지만 그 테크놀로지로 인해 신체로서 우리는 움직이지 않거나 가만히 있는 자세로 더 많은 시간을 보내야 한다. 우리는 비행기나 기차나 자동차 좌석에서 오랫동안 부동 자세인 채로 있다. 텔레비전이나 컴퓨터 화면 앞에서도 어김없이 부동자세로 있으며, 예전 같으면 찾아가서 만났을 사람과 전화기로 통화한다. 비릴리오에게 속도가 핵심 개념인 것은, 그가 기본적으로 시간 및 공간 조직과 상대운동, 즉 가속과 감속이 개별 및 집단의 시공간 파악력을 결정짓는 방식에 관심을 기울이기 때문일 것이다.

비릴리오가 시공간 조직에 기울이는 관심은, 건축 및 도시계획에 몸담았던 그의 경력에서 출발한다. 그는 1969년부터 1999년까지 파리 고등건축학교의 건축학 교수였는데, 자칭 도시계획 전문가 또는 도시 사상가라는 말을 자주 했다. 하지만 앞에서 얘기했듯이, 이 이름만으로는 그가 다루는 분야의 폭과 범위를 제대로 설명하기 어렵다. 비릴리오의 저술은 어느 특정 학문 분야에 집어넣기 어려운데, 다종다양한 지식 분야를 백과사전처럼 광범위하게 참조하고 상이한 인간 활동 분야들(예를 들어, 그의 독창성이 돋보이는 저작 《전쟁과 영화War and Cinema》(1989)에서 현대전戰의 발달과 영화의 발달)을 연결하기 때문이다. 그렇지만 비릴리오의 저술에 독특함을 불어넣고, 그의 통찰에 풍부하고 때로 논란을 빚을 정도의 참신함을 부여하는 것은 그의 관점, 구체적으로는 유럽 철학 및 이론의 관점이다. 테크놀로지에 대한 그의 담론, 인간 경험 및 우리가 세계를 다루거나 이해하는 방식에 관한 그의 생각은 발터 벤야민Walter Benjamin(1892~1940)과 현상학의 시조인 에드문트 후설Edmund Husserl(1859~1938) 같은 20세기 유럽의 주요 사상가에게 깊은 영향을 받는다.

한 비평가가 언급했듯 발터 벤야민의 이론적·철학적 저술에는 '테크놀로지가 새로운 형태를 발생시킨다'는 것과 '테크놀로지 형태가 사회형태를 촉발한다'는 가정이 깃들어 있다.(Leslie 2000 : xi) 어떤 점에서는 비릴리오의 저작을 벤야민(1940년에 48세를 일기로 요절) 저작의 속편으로 볼 수 있다. 벤야민은 유명한 에세이 〈기술 복제 시대의 예술 작품〉에서 이렇게 말한다.

> 장구한 역사 내내 인간의 감각 지각 양식은 인류 전체의 존재 양식과 함께 변한다. 인간의 감각 지각이 조직되는 방식, 지각이 이루어지게 하는 매체는 자연법칙은 말할 것도 없고 역사적 상황에 따라서도 결정된다.(Benjamin 1974 : 216)

비릴리오에게 그렇듯, 벤야민에게도 '지각의 조직'(Benjamin 1974 : 216)에 결정적 역할을 하는 이런 역사적 상황은 세계와 우리의 관계를 매개하는 테크놀로지의 양식과 떼려야 뗄 수 없는 관계다. 근대성의 속성에 관한 저술에서 벤야민은 "테크놀로지로 말미암아 변한 감각 지각"(Benjamin 1974 : 235)을 분석하는 데 관심을 보이거나, 프랑스 시인 보들레르에 관한 에세이에서 말하듯 "테크놀로지가 인간의 감각중추를 복잡한 훈련에 예속시킨"(Benjamin 1974 : 171) 방식에 관심을 보인다.

| 벤야민과 후설의 영향 |

독일의 한 사상가가 1930년대 써서 발표한 이 말들을, 1932년에 태어난 이탈리아계 프랑스 사상가 비릴리오라면 필시 쉽게 썼을 것이다. 비릴리오의 전망과 접근법은 20세기 초 가장 중요하고 영향력이 컸던 일부 사상가들과 연속성을 갖기 때문에, 그가 20세기 말과 21세기 초 우리 시대의 현실을 심문할 때 특히 설득력 있고 흥미를 유발한다. 그러나 테크놀로지 형태에 따른 감각 지각의 '조직'이나 '훈련'을 이해하려 한 점에서는 벤야민의 발자취를 따르지만, 지각에 대한 비릴리오의 설명은 에드문트 후설이 세운 현상학의 사유 방법에 힘입은 바 크다.

후설의 철학 활동은 (좀 도식적일지 모르지만) 의식이 지각의 대상으로 향하는 방식을 심문하려는 시도로 기술하는 게 가장 적절할 것이다. 그 시도는 즉각적인 감각 지각 속 현상의 출현에 관심을 기울이며, 우리의 지각 방식에 영향을 주는 본질이나 구조를 규명하고자 한다. 이 맥락에서 후설은 테크놀로지 및 근대 테크노과학 세계관의 속성에 이의를 제기하기도 했다. 그는

1937년 출간한 마지막 주요 저작 《유럽 학문의 위기와 선험적 현상학Die Krisis der europaischen Wissenschaften und die transzendentale Phanomenologie》에서 근대과학의 부상 및 그로 인해 발생한 '기술적 사유와 활동'을 철학적으로 확대하여 설명했다.(Husserl 1970 : 56)

후설은 근대 과학혁명이 16세기 말과 17세기 초 갈릴레이 Galileo Galilei가 발전시킨 근대 기하학의 수리 계산에서 기원한다고 주장한다. 이 설명에 따르면, 갈릴레이는 새로운 기하학을 이용해 자연현상(특히 천문과 관련한 사건)을 측정하고 더 나아가 자연의 수리화에 착수했는데, 이 수리화가 근대적 과학 방법의 기초를 이루게 되었다.(Husserl 1970 : 23) 후설은 기하학의 새로운 수리 계산 방법론에서 '계산 기술'이 가장 중요해졌고(Husserl 1970 : 46), 이로써 "자연과학에 속하는 다른 모든 방법의" 기술화에 이르렀다고 시사한다.(Husserl 1970 : 48)

그렇다면 후설의 말은 갈릴레이의 과학혁명으로 시작된 자연의 수리화가 근대과학의 세계관 내에서 '기술적 사유와 활동'의 지배를 시작했다는 것이다.(Husserl 1970 : 56) 후설은 과학 지식의 진실성이나 보편타당함을 폄하할 의도는 결코 없었다. 그러나 이 사유와 활동의 '기술화'로 인해 근대과학이 제 뿌리가 일상으로 세계에 작용하는 감각 지각과 의식에 있음을 보지 못하게 되었다고 믿었다. 후설은 현대의 이론적·수리적·테크노과학적 사유의 추상 개념 아래 가려진, 우리의 일상 활동 및 세계의 맞물린 관계를 구성하는 감각적 지각의 세계를 재발견하고자 했다.

비릴리오는 후설과 생각을 같이하여 근대 경험이 테크노과학적 세계관에 영향을 받는다고 보고, 후설처럼 과학 지식의 이론적 추상 개념을 앞서는 더 즉각적인 감각 지각 영역을 들추어내고 재발견하여 분석하고자 한다. 후설은 비릴리오나 벤야민처럼 테크놀로지가 지각의 근본 원리에 영향을 주거나 그 원리를 '훈련'할 수 있다는 생각을 받아들이려 하지 않는데, 이는 그가 보편적 항상성과 논리적 일관성의 실증을 목표로 하기 때문이다. 하지만 기하학의 기원 및 근대의 기술적 사유와 활동에 대한 후설의 설명은 비릴리오에게 극히 중요해서, 그의 저작 속 여러 핵심 논점에서(예컨대 Virilio 2000d : 71-87, 1993 : 101, 118-20, 1991a : 115) 참조한다.

비릴리오의 독자들은 철학 운동이나 전통으로서의 현상학은 잘 알지 못할 것이고, 실제로 지금까지 그랬다. 그러므로 다음 장에서는 철학 이론으로서 현상학이 어떤 것인지를 좀 더 상세히 설명할 것이다. 그리고 비릴리오의 저술이 현상학의 방법에 힘입은 방면과 후설의 시도를 여러모로 발전시키는 프랑스 현상학 전통에 그가 관여하는 방식을 고찰할 것이다.

테크놀로지의 현대성

이 책은 테크놀로지가 감각 지각과 사회적·정치적·문화적 공간의 조직을 결정짓는 방식과 관련해 비릴리오가 현상학적 관점을 구체적으로 표명하며 대단히 독창적이고 강력한 설명을 전개할 수 있게 된 방식을 보여 줄 것이다. 이 점에서, 언뜻 보기에 그의 사유는 근래 프랑스 사상의 주류와 크게 동떨어져 있지는 않다. 아서 크로커Arthur Kroker는 1992년 저작 《귀신 들린 개인들The Possessed Individual》에서 "우리 시대의 프랑스 사상은 테크놀로지 사회에 대한 창조적이고 역동적이며 대단히 독창적인 설명들로 이루어진다"(Kroker 1992 : 2)고 주장한다.

이는 여러모로 탐구해 볼 말이다. 이 맥락에서 비릴리오는 테크놀로지 문제를 중심에 놓는 수많은 뛰어난 프랑스 사상가 중 한 사람이다. 예컨대 푸코Michel Foucault의 후기작 중 《감시와 처벌 Discipline and Punish》(Foucault 1995)에서 시도한 '권력 테크놀로지'나 '자기 테크놀로지'(예컨대 Martin 1998 참고) 분석을 생각해 보면 이해된다. 또 데리다Jacques Derrida가 1967년의 《그라마톨로지Grammatology》(Derrida 1997) 같은 초기 저작에서 최초로 전개하고, 최근에는 《접촉에 대하여On Touching》(Derrida 2005)에서 개진한 '근원적 기술'에 관한 담론도 이 맥락에서는 핵심 준거점일 것이다.

이 철학자들은 '테크놀로지'란 용어를 저작에서 분명히 전용 혹은 변형하거나 아주 다르게 사용한다. 하지만 이 담론들은 테크놀로지에 대해 후설이나 마르틴 하이데거Martin Heidegger(1889~1976) (Heidegger 1993 : 307-41 참고)가 시도한 현상학적 설명의 복잡한 발전이거나 그 설명에 대한 비판적 대응으로 볼 수 있다.

그 결과, 비릴리오는 현상학적 사유의 전통을 계승하기도 하고 넘어서기도 하면서 테크놀로지의 현대성과 우리 시대의 사회, 정치 및 문화 형식을 비판적으로 이해하는 데 필요 불가결한 개념적·이론적 자료를 계속 제공하는 영향력 있는 프랑스 사상가 중 한 명으로 등장한다.

  이 책은 비릴리오 저술에 깃든 철학적 관점은 물론, 그가 이론적 분석에서 일으킨 주요 개념의 혁신도 자세히 소개할 것이다. 이 책은 현대 매체문화 내에서 경험의 가상화와 관련한 그의 주요 논변을 소개하고, 전쟁과 정치 및 예술에 대한 그의 사유를 간략하게마나 다룰 것이다. 각 장에서는 이 논변이 시종일관 그의 근본 관심사, 요컨대 지각과 시공간 경험 조직에 뿌리를 두는 방식에 세심한 주의를 기울일 것이다. 다음에 이어지는 내용은 독자들에게 테크놀로지의 현대성에 대해 비릴리오가 무엇을 사유하고 글을 쓰는지 소개하는 데 그치지 않고, 그가 어떻게 사유하고 글을 쓰는지를 보여 줄 것이다. 분명히 드러나겠지만, 그는 매우 특이하여 곧잘 당황스럽게끔 글을 쓰며, 논변을 단편적이고 이것저것 뒤섞어서 개진한다.

  그러나 그가 그런 식으로 쓰는 데에는 매우 특별한 이유가 있다. 비릴리오의 저술은 단순히 '이론'의 담론이라거나 독자에게 이론적 명제나 진리를 단도직입적으로 제시하려는 담론이 아니다. 무엇보다 비릴리오를 읽는다는 것은, 놀라게 되거나 도전을 받거나 도발을 당하는 것이다. 우리가 놀라움을 겪고 그의 저작이 해 오는 도전과 도발을 받아들일 준비가 되어 있다면, 비릴리오는 우리가 세상을 색다르게 바라볼 준비가 된 것이라고 주장할 것이다.

| 제 1 장 |

지각의 정치
현상학과 형태, 시각의 틈

| **"무정부주의 기독교인"** |

테크놀로지에 대한 비릴리오의 관심 한가운데는 '인체human body'라는 큰 관심사가 위치한다. 공간 속 신체 정위orientation 및 이것이 지각과 이해에 끼치는 영향의 문제가 1960년대부터 오늘날에 이르기까지 비릴리오 저작 전체를 밑받침한다. 우리 시대 테크놀로지 발전에 대한 비릴리오의 대응과 '가속화한 사회'에 대한 설명은 신체에 쏟는 이 관심과 연결시켜서 이해할 필요가 있다. 비릴리오는 저작 전체에 걸쳐 우리 경험의 신체 차원을 지지하고자 한다. 그는 우리가 신체를 색다르게 정위定位하여 겪는 시공간 경험 방식을 현대 테크놀로지가 결정짓는 방면에 관심을 끌어내려고 한다. 무엇보다 비릴리오는 속도 테크놀로지가 상황 속 신체the situated body 경험의 풍부함과 다양성을 감소시킬 수 있는 방식을 말하고자 한다.

비릴리오의 저작은 테크놀로지 발달에 지나치게 부정적이거나 비관적이며(Virilio 1999 : 47), 때로는 정치에 무관심하거나 보수적이기까지 하다(Armitage 2000 : 81, 120)는 평가를 받기도 한다. 그러나 이런 평가는 조심스럽게 논할 필요가 있다. 정치 면에서 비릴리오의 여정은 그 세대의 프랑스 지식인 및 사상가들처럼, 대체로 말해 비순응주의(곧, 비마르크스주의) 좌파의 길이었다. 그리고 좀 당황스럽게 들릴지 모르지만, 그는 자칭 "무정부주의 기독교인"이다.(Armitage 2001 : 20) 그렇지만 이 기독교적 신념을 좀처럼 드러내어 다루지 않으며, 오히려 비릴리오는 자신의 신학적 소신과 저술의 이론적 관심사 간에 일부러 거리를 둔다. 이는 자크 엘룰Jacques Ellul(Ellul 1965) 같은 다른 주요 테크놀로지 사상가들과 아주 다른 접근 방식이다.

얼핏 부정적이거나 지나치게 비관적인 듯한 비릴리오의 저작 논조는 특정 담론 전략의 맥락에서 이해할 필요가 있다. 도발하기도 하고 격론을 펼치기도 하는 그 전략이 그의 저술에 깃들어 있기 때문이다. 무엇보다 그의 전망은 분명히 드러난 철학적·이론적 신념의 맥락에서 이해해야 한다. 비릴리오는 에드문트 후설과 메를로 퐁티Maurice Merleau-Ponty(1908~1961)의 현상학적 사유와 주된 철학적 인연을 맺고 있다. 게슈탈트 심리학Gestalt psychology으로 알려진 20세기 초의 심리학파가 제공한 통찰 또한 비릴리오에게는 결정적이다.

이 장에서 이어지는 내용은 이러한 철학적·이론적 관점을 개괄 소개하고, 그 관점을 비릴리오 저작에서 신체 경험을 지지하는 방식과 관련시킬 것이다. 또한 이 이론적 관심사를 그가 도시계획 분야에서 쌓은 경력 및 초창기에 그림에 보인 관심과 연결지어 생각해 볼 것이다.

| 도시계획과 건축 원리 |

비릴리오가 상황 속 신체the situated body 경험의 차원에 대해 가진 신념은, 그가 도시계획 전문가이자 건축가로서 펴낸 초기 저작에서 분명히 드러난다. 그가 도시계획에 몸담은 때는 1960년대로, 건축 비평지 《건축 원리Architecture Principe》를 중심으로 클로드 파랭Claude Parent과 공동 집필하던 시절로 거슬러 올라간다.

 이 비평지 및 이를 중심으로 모인 사람들이 드러낸 개관은, 제2차 세계대전 후 진행된 도시개발 방향과 비교해 볼 때 이단적이었다. 당시 도시개발의 가장 두드러진 특징은 수직선의 강조였다. 이에 대해 비릴리오 등은 동시대 건축이 갈수록 더 높이 치솟는 구조물 건설에 지나치게 치중한다고 비판했다. 《건축 원리》 집필진에 따르면, 마천루 및 고층 주거지가 확산되자 설계의 표준화 추세가 일었고 그 효과는 도시 풍경을 꼴사납게 하는 것이었다.(Joly 2004 : 26-7, 57) 이 설계 표준화는 '직교直 交(orthogonal)'를 중심으로 조직하는, 말하자면 직각과 관련되거나 직각으로 구성하는 건축양식이 우세한 것이 특징이다. 마천루는 (외벽에다 창문 배치까지) 수직선과 수평선의 구조물을 따라 지었다. 이를 극명하게 보여 주는 예가 2001년 9월에 파괴된 세계무

역센터일 것이다.

이 수직과 직교의 우세에 반대해 《건축 원리》의 공동 필진은 동시대 건축 설계에 이른바 '경사 기능the oblique function' 이론의 도입을 주창했다. 비릴리오와 파랭은 '경사 기능'을 통해, 인간의 몸과 지표면 간의 관계를 재정립할 도시 설계 및 계획을 촉진하고자 했다. 신체가 과도하게 높고 직각인 건조물이 우세한 건축 공간이나 도시 공간 내에 거의 아무렇지 않게 놓이지는 않을 것이다. 도리어, 신체는 경사면 주위에 조직된 공간 안에 놓일 것이다. 이 경사면 환경은, 말하자면 신체 운동 및 신체의 물리적 상황성과 관계가 있음을 확인할 것이다. '경사 기능'은 지상 공간과 건물 건설 양쪽의 설계에서 경사면의 우월을 역설하면서, 새로운 도시 질서를 사유하고 새로운 건축 용어를 발명해야 한다고 요구한다.(《건축 원리》, 1, 1966년 1월, Virilio and Parent 1966)

동시대의 관점에서 볼 때 이 혁명적인 건축학의 사유는 다소 유토피아적으로 보일 수도 있다. 그러나 비릴리오는 그런 비난에 맞서 자신의 이론을 방어한다. 그는 도시 공간에 대한 현대의 태도와 물리적 환경, 물질 자원의 소비는 지탱하기 어렵다고 주장했다. 비릴리오는 건설 설계와 공간 계획, 그리고 도시에 거주하는 수많은 신체 간의 관계에 대한 문제 제기가 미래의 도시계획에서 피해 갈 수 없는 필연적 주안점이라고 단언했다.(《건축 원리》, 2, 1966년 3월, Virilio and Parent 1966)

분명한 점은, 비릴리오와 파랭이 발전시킨 '경사이론'이 상황 속 신체the situated body의 일인칭 시공간 경험에 더 가치를 두는 건축설계를 선호했다는 것이다. 비릴리오 등이 주장한 동시대 개발 경향에 대한 거부는 신체 경험의 공간성과 시간성을 구체적으로 확인하려는 시도였다. 동시대 도시 설계사인 장 미셸 빌모트Jean-Michel Wilmotte의 작품을 공개 지지하면서 비릴리오는 다음과 같이 썼다. "이 시공간 영역을 무시하는 것은 미래 세계의 대도시화에 대한 완전한 오독을 의미하고, 모든 대상과 기호에서 그 참의미를 제거할 것이다."(Wilmotte 1999 : 10) 이 해설은 1960년대 비릴리오의 초창기 저작의 내용과 완전히 일치한다.

《건축 원리》 비평지를 특징지은 동시대 경향에 대한 거부의 몸짓, 일종의 보수주의도 과거 도시 공간에 대한 비관적 향수도 아니었다. 오히려 그 몸짓은 신체 경험의 근본 지향을 다루려는 시도였으며, 건축 설계에 대한 이색적이거나 이단적인 이해를 제시하고 권장하려는 것이었다. 이는 미래의, 지금까지 생각하지 못한 개발 가능성을 생각해 낼 수 있다는 희망을 바탕으로 했다. 거부와 확인이라는 이중의 몸짓은 비릴리오의 저작 전체에서 발견된다. 그는 동시대에 진행되는 개발 중 특정 측면은 거부하는데, 이는 인체의 가능성과 인체가 공간 내에 놓일 수 있는 다양한 방식을 확인하기 위함이었다. 이 거부와 확인의 이중 몸짓은 현상학의 철학적 관점에 대한 비릴리오의 신념과 관련지을 때 더 분명히 이해할 수 있다.

| 현상학 |

비릴리오에게 현상학을 언급한 부분은 신체, 그리고 테크놀로지와 신체 경험의 관계가 그의 저작에서 차지하는 중심 위치를 이해하는 데 관건이 된다. 실제로 현상학적 사유를 암시하는 말은 그의 저작 전체에 걸쳐 두루 나오며, 《영토의 불안정성 The Insecurity of Territory》(Virilio 1993 : 118)과 《극의 관성 Polar Inertia》(Virilio

---

현상학PHENOMENOLOGY은 의식의 특질을 가장 명확하고 체계 있게 기술하고자 하는 철학 활동이다. 그러므로 현상학은 감각 체험으로 나타나는 것(즉, 현상)에 관심을 둔다. 현상학에서는 경험과 별개인 현상의 존재를 주장하거나, 그것을 실제로 제기 가능한 철학적 질문으로 여기지도 않는다. 현상학의 창시자인 에드문트 후설은 우리 의식의 현상 지향指向(나아감) 측면에서 현상을 심문하고자 했다. 현상학자인 후설에게 중요한 것은, 우리의 지향志向(쏠리어 향함)에 따라 대상이 의식으로 출현하는 방식이다. 그는 우리 의식의 방향성을 결정짓는 지향 구조나 추상적 요소를 심문한다. 바로 이런 방향성 또는 지향성 구조를 바탕으로, 감각적 외관 세계가 의미를 지니고 이해할 수 있게 구성된다. 후설 현상학의 탐문 목표는, 의식을 가능하게 하는 의미 구성 구조를 분리해 내는 것이다. 후설은 경험주의의 주장을 일축했다. 경험주의 철학에 따르면, 의미와 어의의 논리 법칙은 실제 정신 활동에서, 예를 들어 뇌 기능의 생리에서 찾을 수 있다고 한다. 이와 달리, 후설의 철학은 생리학이나 신경학의 속성이 아니라 경험을 가능케 하는 논리적 조건에 관심을 둔다. 후설의 철학은 특정하거나 특별한 경험 내용은 어떤 것이든 배제하거나 제외한다. 이런 논리적 조건이 후설에게는 보편적이며 필수적이다. 따라서 후설 철학은 18세기 독일 철학자 이마누엘 칸트Emmanuel Kant 이후 발전한 관념론의 전통 내에 자리매김할 수 있다. 후설은 자신이 명명한 선험적 자아의 존재를 지지했다. '선험적 자아transcendental ego'란 용어로 그는 경험적 자기나 주관적 자아와는 구별되는 비인격 영역을 기술하고자 했다. 그는 선험적 자아가 작용해 의미 구성 구조와 추상적 논리 요소를 거쳐 우리를 위한 세계를 구성한다고 보았

2000d : 71-87), 그리고 《잃어버린 차원The Lost Dimension》(Virilio 1991a : 115)에서 후설을 언급하는 대목에서 가장 두드러진다. 현상학적 관점은 또한 《시각기계The Vision Machine》(Virilio 1994b : 7)와 《동력의 기술The Art of the Motor》(Virilio 1995 : 81, 141)에서 메를로 퐁티의 사유 제 측면에 꾸준히 보이는 호소에도 들어 있다. 후설과 메를로 퐁티의 저작에서 비릴리오의 관심을 끈 것은 "공간이 감각 경험의 세계에 제한되어 있으며, 그 너머에는 공간다운 공간이 없

다. 그러면서 모든 지식, 모든 이론적이거나 합리적 또는 과학적 노력이 의식의 행위 및 그 행위에 활력을 주는 지향 구조에 의존하며 거기서 파생한다고 주장했다. 이론적 추상이나 사변적 이성이 아닌 즉각적 의식이나 지각에 논리적 우선권을 부여하는 경향은 후설 이후의 현상학 전통, 예를 들어 마르틴 하이데거, 모리스 메를로 퐁티 및 장 폴 사르트르Jean-Paul Sartre가 발전시킨 다른 형태의 실존주의 현상학에서 계속된다. 이 세 사상가는 각기 다르게 후설의 관념성 및 추상성 강조를 비판한다. 그리고 선험적 자아의 존재에 의문을 제기하고, 의식 행위 내에서 형식적 논리 구조를 분리하는 것이 불가능함을 천명한다. 실존주의적 현상학자로서 이들은 관념적이거나 논리적인 본질에서 '세계 내 존재'의 구조로 방점을 옮긴다. 의미 구성을 발생시키는 지향intentional 행위가 가능한 것은, 실용적으로 맞물려 추상적 형태로서 분리될 가능성을 앞서고 넘어서는 잇따른 세계 속 관계 안에 우리가 이미 이전에 삽입되어 있기 때문이다. 예를 들어, 메를로 퐁티는 선험적 자아를 '신체주체body-subject'란 개념으로 대체한다. 전통적 의미의 정신도 신체도 아닌 메를로 퐁티의 이 신체주체는 그것이 공간에 정위定位하여 다소 확산된 의미 및 목적 지평에 들어가 있는 한에서만 세계를 뜻있는 것으로 경험한다. 이러한 지평은 의식적 지향이나 의지에 앞서 존재하며 신체주체의 '지향호intentional arc', 즉 목적을 가지고 맞물린 관계의 장을 구성하므로 이를 바탕으로 뜻있는 경험이 일어날 수 있다. 메를로 퐁티의 실존주의 현상학은 모든 추상적이거나 이론적인 지식을 즉각적으로 의식하고, 지각·경험하는 생활에 부차적이며 그 생활에서 유래하는 것으로 보아야 마땅하다는 후설의 핵심 역설을 지지한다.

다"(Virilio 1995 : 141)는 생각이다.

현상학의 관점에서 볼 때, 공간은 단순히 수리 계산으로 측정할 수 있는 3차원의 외연이 아니다. 현상학은 공간이 본래 실체인가 아니면 사물 간의 관계인가(각각 실체론과 관계론으로 알려진 이론) 하는 의문에 관한 전통적 논쟁에는 관심이 없다. 오히려 현상학은 공간을 맨 먼저 *경험하는* 것으로 생각한다. 현상학은 공간을 공간성spatiality으로 생각한다. 말하자면, 공간 지각 또는 자각으로 우리 몸의 위치를 정하는 방식과 분리할 수 없는 것이다. 공간성은 우리가 특정한 신체 정위定位의 맥락 내에서 느끼고 만지고 볼 수 있는 역량과 분리할 수 없다. 이렇게 앞선 공간성 경험을 기반으로 해야만 우리가 공간에 대해 추상적이거나 이론적으로 더 이해할 수 있다는 것이다. 처음에 공간을 상황 속에 체험하는 공간성으로 만나지 않았다면, 공간을 3차원의 외연으로 보는 이론적인 이해도(또는 공간에 대한 다른 어떤 이론적·과학적 이해도) 가능하지 않았을 것이다.

이 논변은 《사물과 공간Thing and Space(Thing-lectures)》(Husserl 1997)에 관한 후설의 1907년도 강의에서 가장 분명하고도 충분하게 펼쳐지고, 후설 이후에는 현상학의 전통 내에서 다르게 개진되는데, 예를 들어 《존재와 시간Sein und Zeit》(Heidegger 1962 : 135-48)에서 마르틴 하이데거의 실존적 공간성 설명이나 《지각의 현상학 Phénoménologie de la perception》(Merleau-Ponty 2002 : 116 ff.)에서 메를로 퐁티의 공간과 지각에 대한 설명에서 전개된다. 여기서 주목할 점은, 메를로 퐁티에게는 우리의 공간 경험이나 지각이 주위 환경과 관련한 신체 정위 및 운동과 분리할 수 없다는 것이다. 세계를 향한 우리의 시선은 맨 먼저 체화한 시선으로 생각할 수 있다. 가령 우리가 직립 동물이 아니며 눈이 머리 앞부분에 위치하지 않았다면, 우리의 세계 경험은 아주 달랐을지 모른다. 우리 눈이 머리 양옆에 하나씩 놓여 앞뒤를 동시에 볼 수 있었다면 세계가 어떻게 보였을까?

체화한 시선 혹은 상황 속 시선에 대한 이 같은 의문은 비릴리오가 우리와 세상의 관계를 이해하는 데에 기본이 된다. 우리의 시선은 세상 공간과 우리의 조우를 결정짓는데, 체화한 지각으로 즉각 그 공간을 경험하기 때문이다. 비릴리오는 '*우리가 처음에 시선을 거쳐 나아간다*고 메를로 퐁티가 말한 세계의 실제 지평'(Virilio 1995 : 81)에 대해 이야기한다. '신체의 이동성과 운동성'이야말로 세계에 대한 지각이 생기게 하고, 이와 더불어 우리 자신을 세계 공간의 피조물로서 경험하게 한다.(Virilio 1993 : 260)

비릴리오는 장소와 사물의 풍경이 접근 방식에 따라 어떻게 달라 보이거나 다르게 나타나는지에 관심을 기울인다. 그 예로 기차에서 지나가는 경치를 바라보는 승객의 상황을 인용한다. "바로 내 몸의 움직임이 그런 풍경을 만들어 내는데…… 기차에 탄 승객은 마치 나무와 말이 질주해 지나가고 언덕이 굽이쳐 가는 것을 보는 듯하다."(Virilio 2005a : 30) 우리가 기차나 자동차로 여행할 때 우리는 단순히 공간을 통과한다고 곧잘 생각한다. 현상학의 관점에서 볼 때 우리가 이렇듯 경험에 통상적인

해석을 가할 수 있는 것은, 우리가 최초에 우리를 둘러싸고 있는 형상과 형태를 좀 다르게 경험하기 때문이다. 즉, 차량을 타고 가지 않았다면, 걸어서 다가갔다면 어른어른 다가오는 것을 보고 만지거나 그 위에 올라갔을 수도 있을 나무가, 줄어든 크기로 우리 시야에 급속히 나타났다가 만지거나 하는 일 없이 휙 지나가 한순간에 사라져 버린다. 차량을 타고 가지 않았다면 우리를 에워쌀 수도 있었을 풍경이 빠른 이동으로 왜곡되어 펼쳐진다. 그 풍경은 물질 차원에서의 풍경으로 경험하는 것이 아니다. 우리 몸이 그 풍경을 걸어서 지나갈 때의 피로나 지체를 경험하지 않기 때문이다. (기차나 도보 여행 같은) 각각의 경우에, 세계는 우리에게 아주 다른 방식으로 나타나거나 지각된다.

이 사례는 비릴리오의 사유에서 신체 지각이 가장 중요함을 실증한다. 이는 운동과 속도라는 실재가 왜 여전히 근본적인 관심거리인지를 알려 준다. 비릴리오에게 운동과 속도는 단순히 논제로서의 관심사라기보다 세계 공간의 경험 방식을 구조하는 원리다. 이 점에서 주로 현상학에 기초한 비릴리오의 공간 이해는 과학의 이해와 다르다. 그는, 이를테면 3차원에서 사유하는 게 아니라 오히려 "공간 차원은 잠깐 나타나는 환영에 불과하며, 사물은 시선, 즉 눈길이면서 장소를 한정하는 이 시선의 궤도에서만 보이는 것이나 마찬가지"(Virilio 2005a : 118)라고 판단한다.

이 현상학적 관점이 던지는 시사점은, 세계 및 세계의 경험 방식에 대한 비릴리오의 접근법이 우리의 통상적 이해와는 거리가 멀다는 것이다. 후설은 이 통상적 이해를 '자연적 태도'라 말한다. 자연적 태도에 따라 우리는 거의 아무 생각 없이 우리가 우리 외부에 있으며 확장된 공간과 선형 시간에 객체로 존재하는 사물의 세계 속에 살고 있다고 가정한다. 우리는 이런 사물과 그것에 대한 우리의 의식 혹은 그것과 맞물린 주관적인 관계 사이에 뚜렷한 분할선이 있다고 가정한다. 물론 이 현상학적 관점이 사물의 객관적 존재를 부정하는 것은 아니다. 그러나 이 관점은 이 객관적 존재가 우리의 시공간 체험 안에서 우리가 공유한 지각과 관련이 있거나, 그것을 바탕으로 해야만 이해될 수 있다고 역설한다. 우리는 언제나 대상을, 그것에 부여해 공유한 의미 또는 어의語義 형식의 맥락 안에서 만나거나 지각한다. 사물은 그렇게 공유한 의미 지평의 맥락에서만 우리에게 뜻있는 실체로서 나타난다.

비릴리오는 《부정의 지평Nagative Horizon》 서두에서 사물의 존재에 대한 이 같은 이해를 명확히 확인한다. "형태, 사물은 내보내고 받아들이는데, 감각적 실체와 겪은 것을 내보내고 그 주위와 즉각적인 환경의 의미 총체를 받아들이고 돌려보낸다." (Virilio 2005a : 27) 그래서 내가 어느 방에 걸어 들어가 책상을 보고는 거기에 앉아 쓰기 시작하는 것은, 책상이 선재先在한 의미 지평을 배경으로 해야만 그것이 내게 이해가 되고 의미 있는 대상으로 나타나기 때문이다. 이 의미 혹은 어의의 지평이 방의 맥락과 방 안 공간의 기능성을, 그리하여 그 안에 놓인 대상이 내게 가질 목적이나 의미 가치를 결정한다.

반면에 통상적 이해라는 자연적 태도에 따르면, 이 모든 것,

즉 서재와 그 내부 공간, 책상 및 필기도구는 그 대상 자체의 존재에서만 정체성을 부여받는 실재물들이다. 통상적 이해는 내가 이런 사물을 내 의지와 결정의 대상으로 만난다고 말한다. 통상적 이해는 그런 대상의 정체성이나 의미 가치가 그것과 나의 조우 및 그것에 대해 내가 내릴지 모르는 결정과는 별개로 존재한다고 가정하게 한다. 현상학적 접근법의 중심 전제는, 사물의 이 단도직입적인 객관성 혹은 소여성所與性(givenness)을 전제로 하는, 깊이 생각하지 않는 자연적 태도가 세계의 대상이 우리에게 실제로 나타나는 방식을 가리거나 흐리게 한다는 것이다. 사물은 단지 '거기에' 있는 게 아니라, 오히려 체화한 지각의 시공간 정위定位에서 그리고 공유한 의미 지평의 맥락 내에서 뜻있는 것으로 만나는 것이다.

그렇다면 현상학적 접근법의 목표는, 자연적 태도 및 그와 함께하는 세계에 대한 통상적 이해를 중지하고 그 아래 숨겨져 있는 더 원초적 경험의 층을 심문하는 것이다. 이 접근법은 사물이 처음에 우리에게 나타나는 방식과 그 출현을 그와 같이 이해할 수 있게 하는 더 근원적인 의미 부여 지평에 대해 캐물을 수 있게 한다.

비릴리오의 현상학적 경지는 아마도 그의 저작에서 이해하거나 소화하기 가장 어려운 면일 것이다. 이는 아마도 우리가 후설이 기술한 자연적 태도와 단단히 결합되어 있기 때문일 것이다. 그보다는 좀 더 이해하거나 소화하기 쉬운 것이, 그가 《부정의 지평》 서두에서 서술한 젊은 시절 화가로서 겪은 경험에 대한 긴 설명일 것이다. 그가 초창기에 벌인 그림 실험에 관한 이 개인적 이야기는 그가 현상학에, 그리고 지각과 체화에 대한 현상학적 의문 제기에 쏟는 신념의 논점을 더 분명하게 드러내 준다.

| 그림 |

건축 및 도시계획에서 비릴리오가 보인 특징적인 태도, 곧 추상적 형식주의의 거부도 그가 그림에 갖는 관심을 밑받침한다. 비릴리오가 그림에 보인 관심은 그의 현상학적 견지를 잘 나타내는 예시가 되기도 하느니만큼, 이를 살피면 그의 저술 전체가 지향하는 방법 혹은 접근법을 조망할 수 있다. 비릴리오는 1984년 작 《부정의 지평》 서문에서 화가로 활동한 동기 및 그가 세계에 다가가는 데 그림이 끼친 영향을 상당히 길게 해설한다.

《부정의 지평》은 비릴리오의 가장 중요한 저작으로 손꼽힌다. 이 저작은 그의 저술 전체에 걸쳐 나오는 주요 관심사를 한데 끌어모아서 탐구한다. 이 저작에 이르러 마침내 속도 문제와 '질주학dromology'이란 학문을 다루며, 가속화한 전송속도가 지각에, 전 세계 공간 경험에, 그리고 군사·사회·정치조직에 끼치는 영향을 탐문한다. 이 각각의 관심사들을 다음 장들에서 탐색할 것이다. 그러니만큼 《부정의 지평》 서문에 등장하는 그림에 대한 긴 고찰은 비릴리오의 저술에서 보통 쓰는 이론적·방법론적 접근법의 의식적 반영으로 읽어야 한다.

비릴리오는 어렸을 때부터 자신이 "수리 공식에는 저항했으나 기하학과 지리학의 형상에는 열려" 있었다고 단언한다.(Virilio 2005a : 26) 화가로서, 특히 정물화가로서 그는 수리의 추상 개념이 아닌 모양과 형상, 형태에 관심이 보인다. 비릴리오는 이를 다음과 같이 표현한다. "형상figures은 내게 늘 말을 건넸다. ······ 나를 둘러싸고 있는 모양들이 표현을 하고 있음을 알게 되었다."(Virilio 2005a : 26) 비릴리오는 어린 시절 칠판에 있던 지도 등고선과 다양한 지리 형태는 기억해 내어 그릴 수 있었어도, 날짜나 산수 및 공식의 언어는 전혀 생소했다고 밝힌다. 따라서 화가로서 그의 관심은 대상의 표상보다는 형태의 외관에 있었다. 형상과 형태가 이런저런 (수리 계산으로) 측정 가능한 대상으로 식별되기에 앞서, 그것이 지각에 나타나는 방식에 관심을 두었다. 바꾸어 말하면, 언어로써 식별이 가능한 사물로 지정되기 이전의 눈에 보이는 형태와 형상에 주목한 것이다.

> 내게 이미 분명했던 바는, 우리가 캐묻는 방향을 대상과 사물, 형상의 말없는 외관으로 돌릴 수 있고, 이 캐물음이 표상으로서가 아닌 필연적으로 의문의 제기로서 회화를 그리는 예술이 되리라는 점이었다.(Virilio 2005a : 27)

상기하건대, 비릴리오가 건축에 보이는 관심은, 신체의 상황성situatedness이라는 근본 경험과 추상적 형식주의의 거부에 쏟는 관심이 특질이다. 마찬가지로 그가 그림에 갖는 관심 역시 형태의 즉각적인 지각과 그 형태를 상투적으로 표상하는 범주(수학이나 언어학)의 거부에 기울이는 관심을 특질로 한다. 그는 자신의 그림 목표가 "형상의 현상학, 기하의 기원을 …… 반영하는 것"으로, 그것은 "추상 관념이 없고 저마다 형상을 현시하기" 때문이라고 단언한다.(Virilio 2005a : 26)

이는 비릴리오가 화가 활동에 부여하는 의미이자, 그의 저작 전체로 확장할 수 있는 의미이기도 하다. 그의 노력은 단순히 자신을 둘러싼 감각적 세계의 형태를 표상하려는 시도가 아니다. 그보다는 우리의 통상적 시각에는 가려져 보이지 않는 것을 들추어내고 지각하는 신체가 그 주변과 맺는 더 근본적인 관계를 심문하고, 이를 통해 "나타나지 않는 것의 풍부함과 풍요로움, 없는 듯한 것의 생명"을 발견하는 것이 그의 목표이다.(Virilio 2005a : 28)

| 형태 |

그림에 대한 비릴리오의 설명은 나아가 그의 저작에서 현상학이 담당하는 역할로 우리의 이목을 끌어가지만, 동시에 그의 저술을 밑받침하는 또 다른 이론적 관점, 즉 '게슈탈트 심리학'(38쪽 박스 참조)이라고도 알려진 형태심리학의 중요성을 부각시키

기도 한다.

 앞서 말한 바 있듯이, 비릴리오에게 그림은 단지 표상이 아니라 "대상, 사물, 형상의" "말없는 외관"에 대한 문제 제기로 보아야 한다. 현상학에도 형태심리학에도 형태의 외관 문제가 가장 중요하다. 비릴리오가 형태심리학에 보이는 관심은, 주로 형태나 형상이 그것을 부분으로 삼는 '지각 전체'와 유지하는 관계를 중심으로 한다. 그의 논변은 우리가 통상적으로 맞물리는 관계 및 지각 습관 속에서 어떤 것은 아주 쉽게 알아보지만, 우리를 둘러싼 세계의 다른 측면은 지나치거나 무시하거나 보지

게슈탈트 심리학GESTALT PSYCHOLOGY은 19세기 말 일반 심리학을 이끈 주류에 대한 대응으로 20세기 초 독일에서 발달했다. 19세기 심리학은 '관념연합설'을 지지하는 편이었는데, 이 학설은 의식 내용이 처음에는 별개였던 감각 요소들의 연합 및 재연합으로 설명될 수 있다고 주장했다. 그렇다면, 관념연합설은 본질적으로 원자론이다. 즉, 여러 감각 요소의 즉각적인 소여given는 실제 경험에서 그 요소들이 접근해서, 곧 그 요소들이 서로 나란히 위치를 조정하고 접촉해서, 그리고 시간이 가며 연합 반복으로 그런 접촉을 강화해서만 결합할 수 있다는 것이다. 그렇다면 관념연합설은 본질적으로 정신의 선소여pre-given 구조보다 경험의 내용을 우위에 두는 경험주의 이론이다. 에드문트 후설의 현상 철학에 영향을 받은 볼프강 쾰러Wolfgang Köhler(1887~1967), 막스 베르트하이머Max Wertheimer(1880~1943), 쿠르트 코프카Kurt Koffka(1886~1941) 같은 게슈탈트 심리학자들은 관념연합설에 이의를 제기하며 감각의 집합과는 다를 대상 및 상관적인 형태의 존재를 주장했다. 그들은 감각 요소가 정신생활의 기본 구성소라는 관념을 거부하고 역동 구조의 존재가 형태의 외관을, 그리고 그 구조 내에서 우리가 전경이나 배경으로, 부분이나 전체로 지각하는 바를 결정한다고 주장했다. 정신생활의 밑바탕은 원자론의 관점에서가 아니라 오히려 형태의 경험, 곧 지각이나 표상의 시공간 장場 안에 나타나는 유기적 통일체 혹은 전체의 경험으로서 목격된다. 이 관점의 기본은, 지각에 모습을 드러

못한다는 것이다. 이는 특정 형태 및 그것이 주변 환경 혹은 출현 배경과 맺는 관계가 우리에게 아주 익숙하여, 우리가 세계에 대한 습관적인 지각을 조직하는 구조화 원리를 제공하기 때문이다. 다시 한 번 비릴리오는 기하학의 형상들을 언급한다. "우리가 원이나 구, 육면체, 또는 모서리를 완전히 지각하는 것에 비해 사이, 즉 사물 간, 사람 간 틈의 지각은 훨씬 덜 예리하다."(Virilio 2005a : 29)

사실 비릴리오의 관심은 우리에게 익숙한 형태나 형상을 하고 있지 않거나 그것들에 가려 보이지 않는 것에 쏠린다. 우리의 '사이 지각'이나 '사물 간의 틈' 지각이 덜 예리한 이유는, 우

내는 감각 대상이 어떤 것이든 지각은 그 배경과 관련해서만 나타난다는 관념이다. 이것은 눈에 보이는 대상뿐 아니라 감각 경험에도 해당한다.(예를 들어, 소리는 고요나 그 소리와 분리되는 다른 소리를 배경으로 해야만 식별된다.) 대상이나 감각 작용은 따로 떼어 내어서는 결코 경험하지 못하며, 늘 형상을 배경과 한정짓는 관계 안에서 경험하게 된다. 이는 통상의 지각에서 우리가 습관처럼 형상과 배경의 관계를 조직하는 방식이 결정적인 역할을 한다는 의미다. 우리가 지각하는 장이 다른 평면도의 위계 구조로 구조화되어 특정 형상이 그 배경과 관련해 더 눈에 띄고 잘 보이는 자리를 차지하고 다른 형상들은 주변으로 밀려나거나 덜 보이는 위치를 부여받지 않았다면, 우리에게 일관성을 보이는 것은 아무것도 없을 것이다. 이것은 지각 및 지각을 조직하는 서로 다른 관점이, 조직적 통합체와 그 통합체를 위계 구조로 서로 관련시키는 습관적인 바라보기 과정의 함수라는 의미다. 게슈탈트 심리학자들은 주관적인 지각의 장에 관심이 있었으나, 그럼에도 과학자로서 일하며 자신들의 통찰을 실험과학 기술에 일치시켜 시험하고 그 이론을 발전시키는 데에 전념했다. 그러나 그들은 감각의 원자론보다 지각 전체가 중요함을 강조하면서, 모든 정신생활을 뇌 기능의 생리학으로 되돌리는 순환주의의 한계를 넘어서는 심리학을 구축하고자 했다.

리가 용인된 형상에 길들여져 같음의 원리에 따라 보편적 세계관을 구조화하기 때문이다. 이 같음의 원리에 따라 지각하면서 우리는 '사이에 낀 것', 다시 말해 낯익은 형태와 그 배경의 관계에서 분명히 모습을 드러내지 않는 것을 체계적으로 배제한다. 비릴리오는 이것이 중립의 성향이 아니라 윤리적이고 정치적인 의미를 갖는다고 말한다.

> 우리는 시간과 삶을 우리가 이미 관조한 것을 관조하는 데 보내다 알게 모르게 서서히 갇혀 버리는 해를 입는다. 이 쓸데없는 반복이 우리의 거주 공간을 세우고, 우리가 비슷함과 닮음을 기초로 해서 세우는 것이 바로 우리의 건축이다. 다르게 또는 다른 곳에서 지각하거나 짓는 자는 우리의 숙적이다.(Virilio 2005a : 37)

여기서 비릴리오가 닮음과 비슷함을 중심으로 세계의 지각을 구조화하는 성향을 부정적으로 본다는 것이 분명히 드러난다. 이 성향에 굴복하면서 우리는 지각 감금과 같은 위험, 즉 다양하고 낯선 것을 다루지 못할 위험을 무릅쓸뿐더러 다르게 보는 이들을 향한 적의나 심지어는 폭력의 기반을 다지기도 한다.

용인된 보기seeing 습관 및 낯익은 것 내 지각의 '감금'에 대한 우려는 비릴리오가 단지 형태만이 아니라 그 반대인 '반反형태'에도 관심이 있다는 의미다. 비릴리오는 그림을 "형상의 현상학을 나타내려는" 시도일뿐더러, "사이의 형상 탐색"(Virilio 2005a : 30)이자 "반형태를 끌어내고자 하는 욕구"라고도 말했다.(Virilio

2005a : 31) 그는 화가로서 자신이 벌인 활동에 대해 다음과 같이 말한다. "어떤 [반형태의] 종種, 알려지지도 눈에 띄지도 않은 과科, 속屬이 있다고 확신했으며, 그것들을 발견해서 목록을 만들기로 굳게 마음먹었다."(Virilio 2005a : 31) 형태심리학의 관심은, 우리의 이해를 결정짓는 통상적인 외관 너머로 나아가려 했다는 점에서 현상학의 관심과 유사하다. 비릴리오가 볼 때 이 두 이론적 관점은 후설이 식별한 '자연적 태도'를 중지시키는 것으로, 이 관점을 통해 그는 더 풍부하고 다양한 보기 가능성들을 들추어내 세계를 다른 각도에서 바라볼 수 있게 된다.

바라보는 방식에 따라 다른 이미지의 지각을 허용하는 실루엣이나 선화線畵를 예로 들어 살펴보자. 유명한 사례가 할머니/아가씨 착시, 즉 처음에 볼 때는 연로한 여인의 이미지로 보이는 그림이다.〈그림1〉 그런데 약간 애를 써서 이 이미지의 검은 곳

〈그림1〉

과 흰 배경의 관계를 다르게 강조하면, 젊은 여인의 형상으로 나타난다. 이 이미지를 보는 사람은 전경과 배경을 달리하면서 두 가지 다른 형상을 선택해서 볼 수가 있는 것이다.

또 다른 대표적인 예는 게슈탈트 심리학의 정전正典에서 따온 것으로, 처음 봐서는 검은 배경에 흰 꽃병이나 잔처럼 보인다.〈그림2〉 꽃병을 보려면 흰색을 전경으로 가정해야 한다. 그런데 검은 부분을 전경으로 받아들이면, 두 개의 옆얼굴이 서로 마주 보는 형상이 된다. 여기서도 달리 보려고 노력하면 둘 중 하나를 선택해서 볼 수 있다. 전경과 배경에 개의치 않고 그냥 이미지를 보면, 꽃병/잔과 서로 마주 보는 옆얼굴 사이를 왔다 갔다 하게 된다. 보이는 이미지는 그 전체의 구성에 대한 우리의 추정을 바탕으로 특정 형태를 띤다. 이런 시각 퍼즐 혹은 착시가

〈그림2〉

바로 세계 속에서 우리를 둘러싼 형태에 해당한다.

비릴리오는 꾸준히 노력하면 우리를 둘러싼 세계가 온갖 지각 가능성을 제공할 수 있다고 주장한다. 우리가 만날지도 모르는 '반형태'는 잠깐 동안만 나타나지만 말이다. "사이 세계 between-world의 시각은 극히 취약했다. …… 반형태는 이런 노력이 이어지는 동안만 지속될 뿐이고 곧이어 형태는 제 모습을 되찾았다."(Virilio 2005a : 31) 비릴리오는 화가로 활동하며 이 지속적인 노력의 기술, 형태들 사이를 보거나 보통은 숨어 있는 것이 갑자기 햇빛을 받아 드러나는 식으로 바라보는 기술을 훈련했다. 그리는 기술은 '보이지 않는 것을 보이게 하기' 위함이었다.(Virilio 2005a : 33)

| 시각의 틈 |

앞서 시사했듯 이 반형태, 즉 사이에 있거나 보이지 않는 것을 심문하려는 목표는 심미적인 것만이 아닌 윤리적·정치적 차원에도 해당된다. 습관적인 보기 형식 및 방식에 쏟는 관심은 다름보다는 같음을 선호하는 전체 문화정치와 관련이 있다 하겠다. 비릴리오는 이를 다음과 같이 표현한다. "반형태가 가려져 보이지 않는 것이 내게는 일종의 이해력의 제국주의가 낳은 결과인 듯했다. 시각, 나의 시각은 서구 문화처럼 밑바탕, 주변, 차이를 거부하고 있었다."(Virilio 2005a : 32)

이 지각의 정치화는 놀라워 보일지 모른다. 사회 현실에 대한 온갖 폭넓은 이해(예컨대 다른 문화나 계층 사람들을 바라보는 방식)가 정치적임을 받아들이는 것은 쉽다. 그러나 외관의 세계를 지각하는 방식을 구성하는 기본 원리가 정치적일 수 있다는 것을 인정하기는 쉽지 않다. 이 맥락에서 비릴리오는 관점이 늘 위계를 바탕으로 구축되는 방식을 이야기한다. "관점은 지각의 위계에 불과하다. 세계, 문화 및 생활 방식에 대한 시각이 있는 만큼 관점도 있을 것이다."(Virilio 2005a : 35)

보기 혹은 바라보기와 관련지어, 우리는 관점을 깊이가 있는 대상의 외관으로 생각하기 쉽다. 그렇지 않으면 (예를 들어 르네상스 회화에서처럼) 관점을, 3차원의 대상과 깊이 관계depth relation를 2차원의 면 위에 표상하는 기법으로 생각하기도 한다. 이것은 물론 수리 계산으로 측정할 수 있는 외연이라는 공간 개념을 함축하는데, 비릴리오의 현상학적 접근은 이 추상적이거나 이론적인 이해를 피한다. 그 대신, 신체 지각의 체험 공간성을 택한다.

그러므로 관점의 정치 및 위계에 대한 비릴리오의 말을 과학이나 유사과학의 어떤 명제와도 혼동하지 말아야 한다. 그는 자신이 말하는 다중의 문화에 얽매인 관점이, 깊이가 있는 대상의 (기하학적으로 측정할 수 있는) 표상으로 착상한 관점의 관념과 *과학적으로* 똑같은 가치가 있다고 시사하는 게 아니다. 그는 우리 문화가 체화한 지각의 풍부하고 다양한 관점보다 일반적으로 타당하게 보는 기하학의 관점 관념을 우위에 두기로 결정하는 행위가 문화적 가치판단이 실리고 정치적 논란의 소지가 있는 사실임을 시사하고 있는 것이다. 어느 쪽이든 관점을 가지고 보는 습관은 중립적이거나 가치중립적이지 않다.

《부정의 지평》 서두에 실린 비릴리오 그림 해설은, 현상학과 게슈탈트 심리학의 이론적 관심사 및 통찰이 깃들어 있기는 하지만, 세계에 대한 그의 전체적인 접근을 사회 현실을 있는 그대로 표상하는 행위와 혼동하거나 융합해서는 안 된다고 아주 분명히 시사한다. 또한 상투적인 정치학적 분석이나 사회학적 분석과 혼동해서도 안 된다. 오히려 그의 저술은 주로 시각 및 보기 문제를 중심으로 한다. 이 문제는 지금까지 보았듯이 신체의 상황성 문제 및 신체의 공간 속 이동 방식과 분리할 수 없다. 그것은 또한 통상의 지각을 구조화하는 기호나 형태, 습관과도 분리할 수 없다. 《건축 원리》 비평지에서 비릴리오와 공동으로 작업한 클로드 파랭은 다음과 같이 비릴리오 및 그의 저작을 평한다.

> 폴 비릴리오는 실재reality의 해독자다. 실재 해독의 거장인 그는 이 분야에서 분석가가 아닌 창조자이다. 그는 현재에서 미래를 추적해 캐낸다. 그는 가려내고 골라내고 그러모으며, 그의 손에 있는 가장 상세한 지표는 현재의 위계를 뒤집는 증거 조각들이다. 그러므로 그는 미래의 고고학자이다.(《건축 원리》, 6, 1966년 9·10월, Virillio and Parent 1996)

비릴리오는 '실재의 해독자'로서 이를테면 공유한 공간, 사물, 사건의 객관적 소여_given_로서 생각해 낸 실재를 단순히 기술하거나 분석하는 데 그치지 않는다. 그는 체화한 지각과 반형태에 관심을 갖다가 용인된 보기 방식과 이해 방식에 의문을 던지기에 이르는데, "세계에 대한 우리의 시각을 적극적으로 재발명하여" "우리의 견해를 바꾸고" "우리의 생활을 바꿀" 수 있도록 하기 위함이다.(Virilio 2005a : 38)

다음 장에서 분명해지겠지만, 테크놀로지 발달과 동시대의 전쟁, 정치 및 문화에 대한 비릴리오의 설명은 이따금 꽤 부정적으로 보일 수도 있다. 하지만 그의 저술이 드러내는 이 부정성을, 여기에 약술한 개념 및 지각 전략의 맥락 내에서 이해하는 것이 중요하다. 비릴리오는 "내일의 참신성, 독창성을 결정지을 모든 것이 현재에 이미 존재하며, 저마다의 통상적 시각 속에 감추어져 있다"(Virilio 2005a : 29)고 확신한다. 그는 시각의 틈을 심문하고, 지각의 정치 및 용인된 바라보기 방식에 문제를 제기하면서 우리의 동시대 경험 안에서 무시되거나 숨어 있는 실재를 드러내고자 하는 것이다. 그는 숨어 있거나 가려져 보이지 않는 오늘의 실재가 미래 집단 경험의 성격을 정할 것이라고 가정한다. 가장 중요한 것은, 비릴리오는 테크놀로지 이전의 지나간 어떤 시대를 애도하려고 그러는 것이 아니라는 점이다. 그의 문제 제기는 우리가 우리 시대에 대세를 이루는 테크놀로지 경향과는 다르게 나아가고 생각할 수 있도록 하려는 것이다.

무엇보다 비릴리오의 노력은 화가 시절 그가 본인의 작품과 관련지어 기술하고, 도시계획 전문가로서 그가 한 사유가 확인하는 켜켜이 숨어 있는 신체 경험 및 지각의 회복을 목표로 삼는다. 그는 "접촉, 걸음의 접촉을 …… 또 다른 갈래의 징표, 물리적인 것으로, 물질로의 복귀 징표 모두를, 신체와 세계의 재물질화 징표를 재발견하길"(Virilio 1999 : 49) 바란다. 이는 그림처럼 비판적인 만큼 예술적이고, 클로드 파랭이 지적했듯 엄밀히 분석적이라기보다 창조적인 노력이다.

비릴리오는 자신을 "테크놀로지의 예술 평론가"(Armitage 2001 : 25)라고 일컬었다. 그의 텍스트를 단지 현대 테크놀로지, 전쟁 및 사회에 대한 일련의 경험적이거나 이론적인 명제로 읽는 접근법으로는 그가 제공한 통찰의 속성을 크게 곡해하고, 그 통찰이 지닌 담론과 수사의 힘을 몹시 오해할 가능성이 크다. 비릴리오의 저술은 우리에게 맨 먼저 세계를 바라보는 시각을 조심스럽게 숙고할 필요가 있으며, 용인된 보기 방식에 의문을 품으며 신체 경험에 면밀히 주의를 기울여야 한다고 말한다. 그의 저술은 "우리의 침묵하는 생활"을 들추어내고 감각 세계의 상투적인 듯한 형태와 이미지 뒤에 숨어 있는 바를 폭로하려는 글이다. 그것은 우리가 세계에 대해 공유한 지각을 기호화하고 재기호화하는 색다른 방법을 찾아내고자 현실과의 다른 만남을 요하는 글이다.

시야에서 가려진 지각을 심문하라

비릴리오는 테크놀로지와 신체 상황성bodily situatedness의 관계에 주된 관심을 쏟는다. 그는 신체가 그 물리적 환경 및 테크놀로지 환경 내에 정위定位하면서 지각이 구조화되는 방식에 관심이 있다. 이 큰 관심은 건축가이자 도시계획 전문가 시절에 쓴 초기 저작에서, 또 화가 생활에서도 분명히 드러난다. 젊은 시절의 화가 활동에 대한 해설에서, 그는 자신의 저술 전체를 밑받침하는 핵심적인 철학적·이론적 관점, 다시 말해 현상학과 게슈탈트 심리학의 관점을 집중 조명한다. 이 두 관점으로 비릴리오는 습관적으로 세계를 보고 이해하는 방식을 거부하기에 이르는데, 이는 시야에서 가려져 보이지 않을 수 있는 켜켜이 쌓인 지각과 경험의 축을 심문하기 위함이다. 상투적으로 보고 이해하는 행위는 가치판단이 실린 것으로 볼 수 있으며, 지각 생활의 풍부함과 다양성을 다룰 수 있는 우리의 능력을 억누른다. 테크놀로지 및 그것이 사회적·정치적 변화에 끼치는 영향에 대한 비릴리오의 접근법에서 외견상 드러나는 비관주의는 이 '신체 경험의 확인'이라는 맥락에서 이해해야 한다. 비릴리오의 저술은 현재 안에 감춰진 가능한 미래의 폭로를 목표로 하는 지각의 정치라는 그의 신념에 비추어 바라보아야 한다. 그의 저술로 우리는 테크놀로지 및 테크놀로지와 관련한 사유가 제시하는 목표에 비판적으로 또는 보통과는 다르게 반응할 수 있다.

| 제 2 장 |

속도
질주학과 속도-공간, 빛-시간

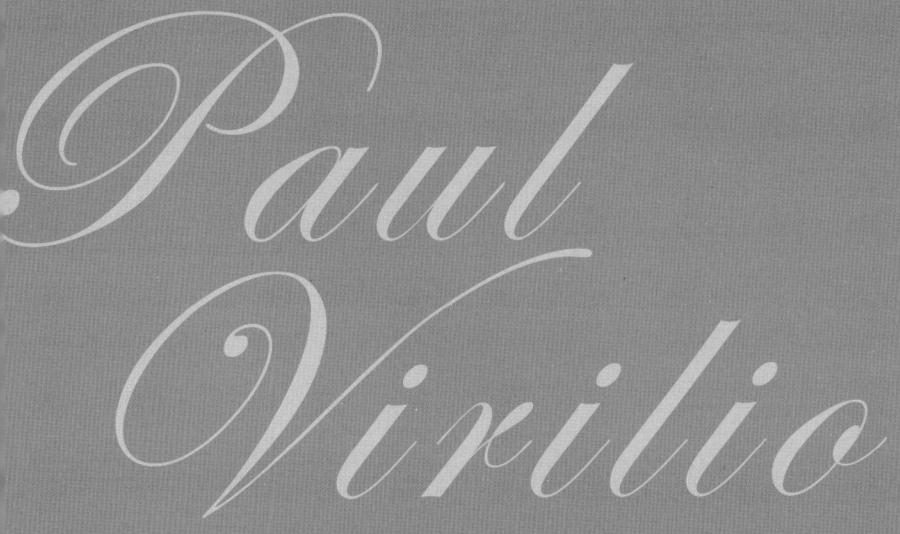

속도학 혹은 질주학

비릴리오는 속도의 사상가이자 '속도학', 곧 '질주학dromology'의 실천가로 널리 알려져 있다. 질주학과 그 밖에 '질주경鏡 관찰dromoscopy' 및 '질주권圈dromosphere' 같은 용어는 비릴리오가 만든 신조어로, 그리스어의 경주 또는 경주장을 뜻하는 'dromos'에서 유래했다. 여기서 '과학'이란 용어는 자연과학이나 물리과학 같은 것이 아닌, 지식 체계로서의 과학 혹은 학문 분야, 방법론적 활동의 의미로 받아들여야 한다. 그렇다면 질주학은 속도 현상을, 더 정확히는 속도가 현상의 출현 방식을 한정 내지 제한하는 방식을 다루는 지식 체계라고 할 수 있다. 비릴리오는, 사회적·정치적·군사적 공간이 그 근본 수준에서 운동 벡터vector(힘, 속도, 가속도 등 크기와 방향으로 정해지는 양―옮긴이)와 이 운동 벡터를 달성하는 전송속도로 형성된다는 점을 먼저 깨닫지 못하면 사회사나 정치사, 군대사의 진실에 올바르게 다가갈 수 없다고 주장한다.

비릴리오는 사회 및 정치 공간을 형성하는 핵심 동력으로 운동 및 전송속도를 강조한다. 그러다 보니 때때로 놀라운 주장을 하기에 이른다. 예를 들어, 《속도와 정치Speed and Politics》에서 "산업혁명이란 없었고" 다만 "질주정체의 혁명만이 있었으며 민주정체는 없고 질주정체政體(dromocracy)만 있을 뿐이다"(Virilio 1986 : 46)라고 단언한다. 《부정의 지평》에서는 "운동이 사건을 좌우하고" 증가일로의 속도가 현대사회의 운동을 결정짓더니 "전통적 정치 구조에 내부 폭발을 일으켰다"(Virilio 2005a : 105, 60)고 역설한다. 이 같은 단언은 언뜻 보기에 아주 놀랍고 독단적으로 보여도, 1970년대부터 오늘날까지 비릴리오의 저술 전체에 걸쳐서 상당히 체계적으로 전개되는 논변과 맥락을 같이한다.

매체 이론가인 프리드리히 키틀러Friedrich Kittler와의 인터뷰에서, 비릴리오는 우리 시대의 지구촌 사회가 '가속도의 벽'(Armitage 2001 : 97-8)에 부딪혔다는 자신의 견해를 다음과 같이 간추려 설명한다. 사회는 지금까지 운송 및 통신 속도가 갈수록 가속이 붙는다는 논리대로 발전했으며, 실제로 우리는 말을 타거나 말이 이끌어 이동하던 시대에서 철도의 시대로, 전화의 시대에서 라디오 전송 시대로, 텔레비전과 디지털 또는 정보 테크놀로지 시대로 이동해 왔다. 각 시대가 그 전 시대에 비해 이룬 '진보'는 새로운 테크놀로지 수단이 제공하는 전송의 가속화란 특질을 함축한다. 기차 여행은 말이 이끄는 이동 속도를 넘어서고, 비행기는 기차의 속도를 능가하고, 디지털 자료전송은 그 이전 테크놀로지가 달성한 전송속도를 앞지른다. 비릴리오의 주장은 우리 사회가 더 이상 속도를 허락할 수 없는 임계점에 다다르고 있다는 것이다. 인터넷 또는 디지털 및 위성통신 시대에 정보를 전 세계로 거의 즉시 전송할 수 있다면, 설계자와 항공공학자가 예상하는 대로 곧 초음속 비행기가 지구를 두어 시간 만에 횡단한다면, 장차 '가속'이란 진보가 불가능한 시점에 이르지 않겠는가? 그 단계에 도달한 사회에 더 폭넓게 미칠 영향은 무엇인가? 이는 적어도 비릴리오가 주목하는 상황 판단이며, 그가 한계나 가속의 '벽' 앞에 선 우리 사회에 제기하는 문제다.

그렇다면 속도는 현대 테크놀로지가 지각과 또 사회, 정치 및 군사 발전에 미치는 영향에 대해 비릴리오가 쓴 저술 전체를 통합하는 요소이다. 비릴리오에게 속도는 집단 경험이 펼쳐지는 매체이면서, 그 경험의 역사적 역동을 밑받침하는 핵심 발동기 혹은 원동력이기도 하다. 비릴리오 특유의 과장된 어투로 표현하듯, 속도는 "도착지인 동시에 운명"(Virilio 2005a : 42)이다.

다음 장들에서는 비릴리오의 '질주학적' 사유 영역을 그에게 중차대한 특정 관심사(경험의 가상화, 전쟁, 정치 및 예술)와 관련해 더 자세히 탐구할 것이다. 그러나 이 지점에서는 속도가 비릴리오의 사유 및 저술 대부분에 걸쳐 거의 어디서나 발견되는 결정적 요인만은 아니라는 점을 짚고 넘어가야 한다. 속도는 또한 그의 사유 및 저술 방식을 결정짓는 중차대한 요인이기도 하다. 이 장에서는 비릴리오의 이론적 관점 내에서 속도가 갖는 근본 위상을 더 탐구하고, 여기에 더해 질주학적 사유 및 저술 자체가, 속도의 경험 및 속도가 지각에 끼치는 영향에서 곧바로 생성되는 수사체 내지 담론체에 좌우되는 방식도 집중 조명할 것이다.

| 속도공간과 질주 영역 |

앞 장에서 말했듯이, 비릴리오 저술에서 속도에 근본 역할을 부여한 것은 그가 현상학적으로 접근하여 현상학 사상에서는 물리적 환경 내 신체의 위치 및 정위定位를 강조하기 때문이다. 사물의 세계는 처음에 즉각적 지각의 세계로 우리에게 나타난다. 이는 우리의 시야에 있는 대상 파악이, 몸의 운동과 관련해 그 대상이 겪는 여러 운동의 결과임을 뜻한다.

 이 맥락에서 말하는 '공간'이란 3차원의 기하 공간이나 외연 공간이 아님을 상기할 수 있다. 그보다는 감각적 외관 세계에 엄격히 제한된, 이른바 선재先在(prior) '공간성'의 측면에서의 공간이다. 그러므로 비릴리오에게 이 현상학적 공간은 상대운동과 그 운동의 상대속도 내지 변속도, 즉 가속과 감속의 힘을 특질로 하는 공간이다. 비릴리오는 이를 《잃어버린 차원》(1984)에서 다음과 같이 표현한다. "가속과 감속이 …… 공간의 유일한 차원이며, 이 공간은 이제 *실체적이고 외연적인 것으로 정의되지 않을*, 부피나 질량, 밀도…… 외연 또는 면으로 정의되지 않을 질주권 공간인 속도공간*speed-space*이다."(Virilio 1991a : 102)

이 공간은 명백히 기하학이나 뉴튼 물리학에 속하는 공간이 아니다. 속도공간과 질주권의 존재는 오히려 순전히 현상학적 측면에서 이해해야 한다. 그 이유는 두 가지 결정 요인, 즉 몸 운동과 관련한 사물 또는 지각 대상의 운동과, 지각하도록 그 대상에 빛을 비추어서 시각의 가능 조건으로 작용하는 빛(햇빛, 전깃불 등등) 때문이다.

비릴리오는 여기저기에서 속도 자체는 현상이 아닌 현상 간의 관계라고 역설한 바 있다.(예를 들어 Virilio 1994b : 74, 1999 : 14, 2000d, 45.) 그는 여기서 더 멀리 나아가 속도가 우리가 처한 환경이라고까지 시사했다.(Virilio 1999 : 14) 일반적으로 속도는 대상의 공간 속 상대 이동률이나 그 비율의 크기, 또는 운동의 단순 빠르기로 이해한다. 그러나 비릴리오의 사유를 대하거나 그가 사용하는 핵심 용어를 바라볼 때에는 일반적인 이해 방식의 한계를 넓힐 필요가 있다.

《열린 하늘Open Sky》에서 비릴리오는 자신이 이해하는 속도와, 통상적인 의미의 속도를 차별화하려 애쓴다. "사실 속도는 더 쉽게 운동할 수 있도록 할 뿐만 아니라, 무엇보다 보고 듣고 지각하여 현재 세계를 더 철저하게 이해하게 한다."(Virilio 1997a : 12) 이런 의미에서 속도는 우리로 하여금 보도록 허용한다는 점에서는 시각을 가능하게 하고, 사물이 우리에게 나타나는 방식을 결정한다는 점에서는 시각을 제한한다. 다시 말해, 비릴리오가 《극의 관성》에서 말하듯 "현상의 진실은 항상 느닷없는 출현[surgissement]의 속도에 제한을 받는다".(Virilio 2000d : 82)

빨리 달리는 기차 여행이나 자동차 여행의 사례는 이 논점을 이해하는 데 도움이 될 수 있다. 바로 앞 장에서 비릴리오가 풍경을 내다보는 기차 여행객의 경험에 빗대어 장소와 사물의 풍경이 접근 방식에 따라 어떻게 달라 보이거나 다르게 나타나는지를 살펴보았다. 《부정의 지평》의 '질주경 관찰Dromoscopy' 장에서는 이러한 시각 및 운동 분석을 훨씬 더 확장하여, 자동차 여행객이 이동 중인 차량의 앞 유리를 통해 밖을 바라볼 때의 지각에 대해 언급한다. 이 서술은 자세히 인용할 만한 가치가 있다.

> 풍경의 바탕[fond]이 지표면 위로 오르고, 움직이지 않는 대상이 지평선에서 발굴되어 하나하나 차의 앞 유리창으로 투과하며 원경이 살아 움직이고, 소실점이 공격점이 되어 관찰자인 여행자에게로 그 투영선을 보내고, 연속체의 실재물이 초점이 되어 광선을 던지니, 관찰자는 눈부셔 하면서 풍경의 전진에 매료된다. 겉보기에 움직이는 듯한 운동의 발생 축은 그 기계(자동차—옮긴이)의 속도 때문에 갑자기 나타나지만, 그것의 실현은 전적으로 그 순간과 관련이 있다. 앞 유리 막으로 달려드는 대상이 순간 지각되었다 저장되는 만큼 빠르게 잊히고 뒤 창문으로 곧 사라질 것이기 때문이다.(Virilio 2005a : 105)

비릴리오의 말에 따르면, 이는 "속도가 외관을 탈바꿈시키는" 방식의 주요 사례이다.(Virilio 2005a : 105) 흥미롭게도 그는 또 한 번 《부정의 지평》 서두에서 사용한 그림과 형태심리학 전문어를 배치한다.(특히 '바탕ground', 프랑스어로 'fond'를 언급하며) 자동차 여행자는 풍경을 형상이 나타나거나 모습을 드러내는 배경으로, 즉 제자리에 딱 붙어 있는 것이 아닌 스스로 이동할 수 있는 배경으로 지각한다. 형상들은 이 이동하는 지평선을 배경으로 이를테면 연속으로 시야를 가로질러 '여행한다'. 우리는 흔히 멀리 물러나며 한데 모이는(고전주의 원근법의 '소실점vanishing point') 고정선의 연속 면에서 깊이시각depth vision을 생각하지만, 여기서는 좀 다른 경험과 마주하게 된다.

여기서는 가만히 있거나 이동하지 않는 소실점이 있어야 하는 곳에서 운동선과 형태가 연속 등장한다.('공격점a point of attack') 지각하는 몸이 점차 다가갈 때 보통 때 같으면 원근선을 따라 놓인 형상이나 형태가 꿈쩍도 하지 않은 채 있거나 서서히 커지는 지점에서, 시야를 가로질러 그 형상이나 형태의 던지기 또는 내던지기가 일어난다. 이것이 바로 '질주경 관찰dromoscopy'의 경험으로, 이때 차 앞 유리는 '질주경dromoscope', 즉 "움직임 없는 대상을, 마치 격렬한 운동으로 살아 움직이는 듯 드러내는" 관찰기구가 된다.(Virilio 2005a : 105)

비릴리오가 보기에, 이는 속도가 현상들 간의 관계이면서 그 현상들의 "느닷없는 출현"(surgissement)이란 진리를 결정하는 것이기도 한 방식을 완벽하게 실증하는 하나의 경험이다. 줄곧 변하는 풍경은 몸의 상대운동과 그 지각 대상의 상대운동 속에서만 출현의 장field 또는 시야vision가 된다. 몸이 앞으로 내달리면, 몸이 정지해 있었다면 꿈쩍도 하지 않는 듯 보였을 대상이 급속히 이동하는 듯한 착각에 빠진다. 대상이 움직이고 있다면, 그 대상은 차량에 갇힌 신체 궤도와의 관계에 따라 다르게 나타날 것이다. 어쩌면 누구나 다 아는 이야기를 수고롭게 하고 있는지도 모른다. 그렇지만 우리가 그런 경험을 단순히 급속한 공간이동으로만 여긴다면, 이는 시야의 구조화에 담긴 속도 고유의 구성 성분 역할을 간과하는 것이다.

바로 이것이 비릴리오에게 공간이 항상 속도공간이 되는 첫 번째 의미다. 질주경 관찰, 곧 급속한 이동으로 구조화 내지 구성되는 시각 경험은 지각 대상과 관련한 신체의 운동 빠르기에 따라 시각 공간이 달라지는 방식을 분명히 보여 준다. 하지만 비릴리오는 또한 질주경 관찰이 어떤 점에서는 걷고 가볍게 달리는, 즉 보통 자연환경 속을 그보다 천천히 나아가는 몸의 경험과는 결정적으로 다른 경험이라고 주장한다. 질주경의 고속 이동 중에 겪는 사물 경험은, 사물의 출현 방식을 결정지을 뿐만 아니라 우리와 그 사물의 관계를 변경하기도 한다. 그런 순간에 우리는 그 사물을 더는 그 '현전現前(presence)의 고정성' 안에서 느끼거나 만지거나 만날 수가 없는데, 그때의 사물은 휙 지나가는 대상으로, 출현하는 바로 그 순간 소멸하기 시작하는, 쏜살같이 지나가는 형태로만 우리에게 나타나기 때문이다. 사물의 현전과 관련한 이 고정성의 상실은 감각할 수 있는 실재의 상실이며, 여행자의 처지에서는 일종의 기만이다. "그러므로 질주경 관찰은 역설적으로 *머무는 것이 오기를 기다리는 것이다.* 앞 유리 화면에서 줄지어 지나가는 나무들은 모두 실재의 대체물[이며], 겉보기에 움직이는 그 모습은 시뮬라크르에 불과하다."
(Virilio 2005a : 115)

비릴리오는 '시뮬라크르simulacrum'라는 용어를 써서 순식간에 지나가는 질주경 관찰 형태의 속성을 기술한다. '시뮬라크르'란 원본의 불완전하거나 불량한 복사본이요, 겉으로 보이는 모습의 실재하지 않거나 흐릿한 유사본이다. 속도의 시뮬라크르 경험이 일으키는 현전의 상실 내지 축소는 다음 장에서 더 충분히 탐구할 것이다.

이 단계에서는 질주경 관찰로 공간, 정확히 말해 감각적 외관의 현상 공간이 속도공간임이 좀 더 분명하고 결정적으로 드러난다는 것만 주시하면 된다. 상대운동으로서 속도는 이를테면 사물 간의 매개체인데, 사물은 어떤 시야에든 나타나기 때문이다. 속도는 사물의 출현이 일어나는 고유 영역이다. 이는 훨씬 더 근본적인 차원, 공간이라는 질주권을 결정하는 제2 요인, 즉 지각하거나 보도록 현상을 비추는 빛의 속도가 고려되는 차원에서 사실이다. 《극의 관성》에서 비릴리오는 빛이 질주권, 정확히 말해 보통 말하는 가시성 공간을 구성하는 방식을 가장 자세히 설명한다. 이 맥락에서 그는 '속도의 빛'이나 '빛이 나는 속도' 같은 문구를 사용하기도 한다. 흔히 '빛의 속도'로 이해할 만한 말을 좀 특이하게 표현했다고 보면 될 듯하다.

물리과학의 영역 내에서 빛의 속도는 빛이 진공 속을 나아가는 속도를 지정하는 보편상수로, 정확히 초속 299,792,458미터로 정의한다. 우리의 환경이나 대기를 투과하는 빛, 하늘에서 방사해 내려오거나 전구, 브라운관, 네온사인 등에서 발하는 빛은 물론 진공 속을 통과하지 않는다. 비릴리오의 사유를 논할 때에는 여느 때보다 더 그가 사용하는 현상학 언어의 사용역과 과학 언어의 사용역을 구별해서 써야 한다. '속도의 빛'과 같은 관념이 '빛의 속도'라는 과학에서 결정한 상수와 관련이 있을 수 있지만, 바로 그렇기 때문에 더 조심해야 한다. 이런 맥락에서 바로 빛, 더 정확히는 빛의 속도(즉, 빛에 고유하거나 빛과 연관된 속도)가 맨 처음에 사물이 우리에게 보이도록 한다는 점에서는, 시각 및 지각의 공간은 질주권이다. 이로써 비릴리오는 《극의 관성》에서 "지각할 수 있으며 측정 가능한 현상의 우주에 빛을 비추는 것은 바로 **속도**"라거나 "빛은 여전히 감각할 수 있는 외관의 유일한 폭로자"(Virilio 2005d : 45, 55)라는 주장을 펼칠 수 있게 된다.

이는 다시 한 번 속도가, 이 경우에는 빛의 속도가 시각을 가능하게 하는 것이자 제한하는 것이기도 함을 의미한다. 다시 말해, 속도는 현상의 가시성에 필요한 가능 조건이자 그 자체가 현상이 나타날 수 있을 방식을 제한한다. 이 어려운 개념을 이해하는 데 다음의 예가 도움이 될지도 모른다. 비릴리오는 《극의 관성》 곳곳에서 과학적 사유와 발견, 특히 알베르트 아인슈타인Albert Einstein의 상대성 이론을 명백하게 자주 참조한다. 그의 관심은 정확히 아인슈타인의 통찰이 물리적 우주를 이해한 방식을 변경해 뉴턴의 우주관과 결별한 방식에 있다. 아인슈타인은 보편상수 C(빛이 진공을 통과하는 속도)를 발견해 관찰자와 지각할 수 있는 현상과의 관계를 바꾸었고, (어떤 사태나 대상이든 위치할 수 있는 시간 1과 장소 3의 좌표인 4차원의 연속체로 이해되는 아인슈타인식 공간시간space-time을 낳아) 공간 및 시간의 과학적 개념을 바꾸었다.

이 전환의 결과 중 비릴리오가 특히 관심을 가진 것은, 물리적 우주 내에서는 어떤 과학적 관찰 행위든 관찰자와 관찰 대상이 시공간에 구속받는 관계에서만 일어날 수 있다는 사실이다. 관찰은 지각 주체와 그 지각 대상의 상대적 위치에 따라 다른 결과를 낼 수 있다. (이는 이 둘의 운동과 관련해 특히 중요하다.)

먼 항성체를 광학적으로 관찰하는 것이 비근한 예일 것이다. 망원경이 우주를 들여다볼 수 있는 거리가 더 멀수록, 시간을 더 멀리 거슬러 올라가 볼 수 있다. 우주가 팽창하면서 그 안에 있는 항성 및 기타 천체는 모두 지구, 곧 관찰점에서 더 멀어진다. 빛의 속도가 상수이고 관련된 거리는 매우 광대하므로, 천체가 멀수록 거기서 발산하는 빛이 망원경에 도달하는 데 더 오래 걸린다. 태양에서 나온 빛이 우리에게 다다르는 데 8분쯤 걸린다면, 이는 8분 전의 태양을 본다는 뜻이다. 가장 먼 천체에서 오는 빛은 우리에게 이르는 데 수십억 년이 걸렸을 것이다. 그러면 우리는 수십억 년 전의 그 천체를 보는 것이다. 이는 과학자들이 더 멀리 볼 수 있는 기술 수단을 개발하기만 하면 초기 우주의 사건을 탐구할 수 있는 가능성을 열어 놓는다. 여기서 관찰은, 보는 자와 그 대상의 상대적 위치가 나타내는 시공간 간격과 분리할 수 없다. 이 예시는 아인슈타인 이후 우주에서 관찰자와 관찰 대상이 항상 서로 상대적인 위치에 놓이는 방식과 이 관찰의 상대성이 관찰을 가능하게끔 하는 광속의 상수에 근거하는 방식을 실증한다.

과학 영역에서 이루어진 이 발견이 바로 비릴리오의 '질주권' 개념 형성에 기반이 되는 통찰을 제공한다. 《극의 관성》에서 비릴리오는 이 용어를 다음과 같이 정의한다. "'**질주권**'은 유한의 절대 광속, 즉 우주론cosmology의 지평, 이를테면 천체 외관의 시정視程(목표물을 명확하게 식별할 수 있는 최대 거리—옮긴이) 원추를 결정하는 보편상수에 상대적인 속도의 영역[이다]."(Virilio 2000d : 45) 그렇다면 질주권은 빛의 통과로 제한받고, 그리하여 빛이 나아가는 속도에 제한받는 한에서 "바로 현상의 실재를 지각하는 영역"이다.(Virilio 2000d : 52) 비릴리오는 우리로 하여금 무언가를 보게끔 하는 것이 속도이며, 상대속도, 예컨대 빛이 대기를 통과하는 속도, 텔레비전이나 위성, 디지털 이미지를 전송할 수 있는 광전자파의 속도는 진공 속 광속으로 결정되는 상수에 상대적이라고 말할 수 있다고 역설한다.

여기서 비릴리오가 과학 및 과학 이론(아인슈타인 이론)의 언어 사용역에서, 즉각적 지각에 관심을 쏟는 현상학 언어 사용역으로 전환하는 방식을 각별히 구별해서 보아야 한다. 지금까지 보았듯이, 비릴리오는 현상의 관찰이 관찰자와 그 대상의 상대적인 시공간 위치(지정)에 제한받는다는 결과를 과학에서 얻어 낸다. 그에게 이 과학적 결과가 필요한 것은, 현상의 외관을 조명하면서 속도의 중요성을 부각시키고 질주권이라는 현상학 개념을 전개하기 위해서다. 하지만 《극의 관성》에서(그리고 《시각기계》

와 《정보과학의 폭탄The Information Bomb》 같은 주요 저술에서) 그가 주되게 관심을 쏟는 주제는 텔레비전이나 위성 생중계 방송, 비디오 감시, 더 구체적으로 말하면 미립자나 아원자 공간의 관찰 같은 신기술이 세계를 다르게 비추어 우리의 (순전히 현상학적인) 시공간 파악을 변형시키는 방식이다. 이렇듯 비릴리오는 과학 이론을 참조하여 그것을 자신의 현상학적 전망을 뚜렷하게 드러내는 역할로 다시 전환시킨다.

바로 이 언어 사용역의 전환 때문에 비릴리오가 앨런 소칼Alan Sokal(미국의 수학자 겸 물리학자—옮긴이)과 장 브리크몽Jean Bricmont(벨기에의 이론물리학자—옮긴이)의 비난을 샀다는 것은 의심할 나위 없다. 이들은 1998년 《지적 사기Intellectual Impostures》(Sokal and Bricmont 1998)라는, 큰 논란을 불러일으키는 책을 출간했다. 그들은 비릴리오에 관해 할애한 장에서 그의 과학 참조, 구체적으로는 아인슈타인의 상대성 이론과 시공 관념, 뉴턴 물리학의 기초를 참조한 대목이 "혼란스럽고" "근본적으로 의미가 없다"고 주장했다.(Sokal and Bricmont 1998 : 159)

그들이 비릴리오와 맞붙은 행위는 그들이 정작 자신들이 비판하는 인물들의 사유를 밑받침하는 철학적 맥락에 몽매하다는 증거로, 이는 특히 콜린 데이비스Colin Davis(Davis 2004 : 27)와 미국 비평가 아카디 플로트니스키Arkady Plotnisky(Plotnitsky 2002 : 112-13)가 잘 부각시킨 청맹과니 행태라 하겠다. 앞서 말한 대로 비릴리오는 분명 여러 과학 이론, 특히 아인슈타인의 상대성 이론을 참조하기는 한다. 하지만 강조했다시피 그의 저술에 지배적인 언어 사용역은 과학이 아닌 현상학과 관련되어 있다. 그는 즉각적 외관 차원에서 감각적 지각을 심문하는데, 이는 앞 장에서 논한 후설의 현상학적 관점에 따르면 과학의 공식적·수리적 추상화를 앞서는 차원이다. 현상학과 감각적 지각의 심문이라는 핵심 내용에 대한 언급이 없다면, 비릴리오의 저술은 분명 누군가에게는 혼란스럽고 의미가 없어 보일 수도 있다. 따라서 '지적 사기' 논란은 비릴리오가 과학 이론을 남용한다는 징후라기보다, 그런 의혹을 제기한 측의 철학적 지평이 편협한 데서 비롯한 결과이다.

 소칼과 브리크몽은 비릴리오를 비판하는 과정에서 비릴리오의 철학적 배경을 이루는 핵심 특징에 관한 지식의 부족을 드러낼뿐더러, 그러다 보니 더 중요하게는 비릴리오가 구사하는 과학 이론 및 현상학적 기술의 언어 사용역 간 전환을 식별하거나 해석하지 못했다. 비릴리오가 말하는 '속도공간', '빛시간', '속도의 빛'은 과학 개념이 아니다. 다시 말하지만, 비릴리오는 감각적 외관 세계를 즉각적으로 지각하면서 경험하는 시간성과 공간성에 대해 이야기하는 것이다. 비릴리오의 속도공간 및 질주권 설명은, 어떤 시야든 그것을 구성하는 대상의 운동이 갖는 중요성 측면에서, 그리고 맨 처음 그 시야에 빛을 비추는 (빛의) 속도 측면에서 이해해야 한다. 바로 이 질주학의 관점에서 보기에 비릴리오는 새로운 (운송 및 통신) 테크놀로지가 지각에 끼치는 영향을 다룰 수 있는 것이다. 더 나아가, 이런 관점이기에 그가 그런 테크놀로지가 우리의 집단적 시공 경험을 변형시키게 된 방식을 다룰 수 있는 것이다.

| 빛시간 |

질주권 및 속도공간speed-space에 대한 비릴리오의 사유에는 시간 경험의 이해 방식을 재고하려는 시도가 따른다. 만약 속도가 우리가 지각할 수 있는 현상의 공간적 세계를 우리에게 나타나게 하는 고유 영역이나 환경이 된다면, 그것은 필연적으로 시간에 대한 우리의 사고방식을 변형시킨다. 필연적이라 함은, 현상학의 설명으로는 지각 작용이 늘, 시간성과 공간성을 분리시킬 수 없는 생생한 체험으로 발생하기 때문이다. 이 맥락에서 비릴리오는 이른바 '연대순 시간'에서 '빛시간light-time'으로의 전환을 규명한다.

우리는 모두 시간 경험에 대한 우리의 통상적 이해를 아주 쉽게 이해한다. 우리는 현재의 순간, 곧 '지금'에 놓여 있으며 이것이 잇단 과거 순간으로 지나가 버리고 미래 순간, 곧 '지금'으로 단호히 나아간다고 느낀다. 이 경험을 우리는 시계로 시, 분, 초로 측정되는 연대순 시간으로 쉽게 바꾸어 나타낸다. 후설은 1907년 《사물과 공간》 강의에서, 현상학의 관점에서 이 시간 경과 내지 지속의 경험은 지각 대상의 출현과 밀접한 관계가 있다고 분명히 밝혔다.(Husserl 1997 : 55)

후설의 말에 따르면, 지각할 수 있는 외관의 기반을 이루는 감각 자료의 흐름은 그 순서에 시제가 없으나 의식하는 경험의 시간성에서는 시제가 생긴다고 한다. 우리는 현재의 파악에서 미래 느낌을 예기하자마자 방금 지나간 과거의 느낌을 간직한다. 그러므로 현재 순간, 곧 '지금'과 시간 경과의 경험은 방금 지나간 과거의 간직과 미래 가능성의 예기(후설이 예지*protention*라고 언급한)를 바탕으로 해야만 일어난다. 후설은 우리가 선형線形 또는 객관적이라 간주하는 시간, 곧 과학이 생각하고 측정하는 시간은 그 속성상 늘 부차적이라고 주장하는데, 이는 공간을 3차원의 확장으로 보는 개념 형성이 우리가 체화한 공간성 경험과 관련해 부차적인 것과 마찬가지다.

비릴리오는 우리가 공간을 속도공간 내지 속도의 빛으로 '밝아지는' 질주권으로 생각하기 시작하는 순간, 지속과 연대순 시간이란 구조도 미세하게나마 바꾸어 생각할 필요가 있다고 주장한다. 그는 《극의 관성》에서 이를 다음과 같이 설명한다.

> 지금부터 우리는 과거, 현재, 미래의 시간순으로 일어나는 '움직임'을 …… 가속과 감속 현상들, 즉 조명 현상, 물질 확장 및 지속의 노출, 그리고 일광과 연관되는 속도 변화와 결부지을 필요가 있다. 사실 (절대)속도의 순서는 빛의 순서로, 여기서 종래의 세 가지 시제는 정확히 연대순은 아닌 체계로 재해석된다.(Virilio 2000d : 38)

비릴리오는 시간을 더는 지속하는, 즉 과거·현재·미래 순간들이 연속하는 순서로 이해하지 말고 '노출'의 순서, 즉 현상이 속도의 빛으로 밝아지거나 그 빛에 노출되는 찰나의 순서로 이해해야 한다고 단언한다. '노출 시간 time of exposure'이란 이 신개념은 비릴리오의 가장 어려운 개념으로 꼽힌다.

사진술에서 쓰이는 '노출'이란 용어가 여기서 도움이 될 수 있다. 이 맥락에서 노출이란 화학적으로 감광성을 준 필름의 표면에 상을 만들기 위해 사진 필름을 빛에 드러내는 행위로 쉽게 이해된다. 이렇게 생성된 상像(사진기의 셔터로 조절되는)은 빛이 필름을 비추는 정확한 순간이나 찰나의 결과이다. 감광성이 있는 필름을 빛에 너무 오래 또는 너무 짧게 노출하면 그 상은 (노출이 지나치거나 모자라서) 뚜렷하게 찍히지 않을 것이다. 사진에 찍힌 상의 형상이나 형태의 존재는 분명 노출이란 이 찰나적 특질과 따로 떼어내 생각할 수 없다. 그 형상이나 형태는 지속의 경험을 전달하지 않는데, 노출 순간보다 앞서는 빛의 흐름도 다음에 올 수 있는 얘기를 기록하지 못하기 때문이다.

비릴리오가 말하는 빛시간이란, 현상이 사진술의 노출 방식으로 밝아지는 시간성의 경험이다. 우리가 어떤 것의 감각적 외관을 그것이 빛에 노출되는 찰나에 지각하는 것은, 사진의 상이 사진기 셔터로 조절되는 노출 찰나에 생기는 것과 꼭 마찬가지다. 이것이 직관을 다소 거스르는 듯 보일 수도 있다. 우리는 결국 지속을 경험하기는 한다. 예를 들어 지루함과 기다림의 상태를 생각해 보면 잘 이해된다. 비릴리오의 논점은 아마도, 현상이 맨 먼저 그 출현 순간에 빛에 노출되지 않았다면 지속의 경험이 가능하지 않았으리라는 것이리라. 이는 지속, 즉 과거·현재·미래의 구조 속에서 시간 경과의 확장 속성은, 노출 시간으로서 빛시간의 집중 경험을 그 전제 조건으로 한다는 의미다. 빛시간은 확장적이기보다 집중적인데, 이는 이를테면 빛을 비추는 찰나 또는 순간의 집중에만, 시공간적으로 지각되는 형태들의 장으로서 출현이 일어나기 때문이다. 비릴리오는 《극의 관성》에서 이 빛시간이 속도, 곧 질주권의 속도공간과 떼려야 뗄 수 없는 시간인 까닭이 바로 "이 시간이 공간처럼 속도의 보편상수인 빛에 노출되기"(Virilio 2000d : 53) 때문이라고 쓰고 있다.

질주학 Dromology

비릴리오는 질주권dromosphere, 속도공간speed-space, 빛시간light-time 같은 용어를 속도의 관점에서 시공간 경험을 재고하려는 더 폭넓은 시도의 맥락 안에서 사용한다. 비록 아인슈타인의 상대성 같은 과학 이론을 핵심으로 참조하지만, 그의 목적은 그와 같은 이론이 현상학 언어 사용역에서 개발되어 과학이 아닌 즉각 지각의 영역과 관계를 맺는 새로운 개념의 창조를 허용하거나 자극할 방식을 시사하는 데 있다. 이런 맥락에서 아인슈타인의 '공간시간space-time' 같은 과학 개념을 '속도공간'이나 '빛시간'이 대체하고, 과학에서 결정한 '빛의 속도라는 보편상수'의 가치를 '일정하고 보편적인 속도의 빛'이 대신한다.

이러한 용어의 변경에는 어느 정도 언어유희가 있지만, 비릴리오가 과학 언어와 현상학적 서술의 언어 사용역을 전환하는 방식을 이해하려면 이 유희를 진지하게 받아들일 필요가 있다. 무엇보다 그가 개발한 신용어나 개념은 테크놀로지가 개인 및 집단 경험과 사회 공간, 정치 공간 및 군사 공간에 미치는 영향을 더 폭넓게 심문하는 바탕이 된다. 질주학이 속도가 현상 출현을 한정하거나 그것을 결정짓는 방식을 다루는 지식 체계라면, 질주권과 속도공간 및 빛시간은 그 지식 체계에 일관성과 어느 정도의 이론적 통일성 그리고 긴밀성을 제공하는 핵심 개념이라 하겠다.

사실 비릴리오의 담론체나 전반적인 논법은 체계를 갖춘 설명이나 논리적 추론과는 거리가 있다. 반면에 그의 저술은 굉장한 속도로 상당히 자연스럽게 씌어졌다는 인상을 풍긴다. 체계 있는 설명 대신에, 비릴리오 텍스트를 읽는 독자에게는 일화와 통찰, 극히 다양한 지식 분야에서 끌어온 개념과 참조 사항들이 연이어 제시된다. 그의 텍스트는 굉장히 많은 역사 및 사실의 세부 사항들로 엮이고, 카를 폰 클라우제비츠Karl von Clausewitz(19세기 프로이센의 장군―옮긴이), 손자孫子, 거리 폭동 후 연설하는 1960년대 필라델피아 시장, 처칠, 히틀러 및 기타 정치가나 비평가, 군 인사들에게서 따온 인용문으로 채워진다. 비릴리오의 텍스트는 처음 그것을 읽는 순간에는 혼란스럽게 또는 갈팡질팡하게 하는 듯 보일 수 있어도, 끈기를 가진 신중한 독자라면 겉보기에는 되는 대로인 듯 보이는 그의 접근법이 어느 정도 체계를 갖추고 있음을 곧 깨닫게 된다. 비릴리오의 사유는 단계별 논변 전개보다는 참조, 사실, 통찰, 이론적 심문의 축적으로서 나아간다. 그의 저술이 보이는 이런 누적적인 측면은 주목할 만하다. 핵심 용어나 다른 맥락에서 입증된 같은 주장의 반복만으로 그의 저술은 어느 정도의 통일성과 긴밀성을 획득하기 때문이다. 《열린 하늘》에서 따온 예시는 비릴리오의 담론체 속성을 실증하는 데 도움이 된다.

다음 구절에서 비릴리오는 천문학에서 망원경과 전파망원경 사용이 우리가 우주를 바라보는 방식에 미친 결과를 논한다. 특히, 비릴리오는 우주를 바라보는 여러 방법들이 서로 대립하는 이론을 낳는 방식에 관심을 보인다. 예를 들자면, 계속 팽창하고 수축하는 우주라는 관념은 역사적으로 빅뱅Big Bang 이론 (즉, 우주가 원래 우주의 물질 폭발로 생성되었다는 관념)과 맞섰다. 이 대목은 《열린 하늘》의 제1부 마지막에 '대규모 광학'이라 제목의 장에 나온다. ('대규모 광학Large-scale optics'이란 용어는 다음 장에서 더 논할 것이다.) 여기서 쓰는 전문 용어와 채택한 관점은 《부정의 지평》과 《극의 관성》 같은 앞선 저작에서 개발한 용어와 전개한 이론적 통찰을 고스란히 되풀이한 것이다.

확대, 광학 축소[Grandissement, rapetissement optique] 은하계의 스펙트럼에서 관찰한 적색편이赤色偏移의 도플러 효과, 기타 출현의 가속과 감속 명칭들. 그 출현에서 **질주권**, 즉 속도의 빛은 말 그대로 *지각할 수 있는 실재를 비춘다*. 이 실재의 **입체적 돋을새김**은 이미 수많은 지각장애를 일으켜 마침내 주목할 필요가 있어 보인다. '물리적 근접' 관념이 곧 급격히 변할 위험이 있기 때문이다. **대규모 광학**은 가장 광대한 천문 거리를 실험하게 하나, 또한 거꾸로 가장 가까운 물리적 근접을 무효로 하는 데에도 기여한다.(Virillio 1997a : 43-4)

이 구절의 내용이 아닌 문체만을 본다면 비릴리오 저술에 공통적으로 나타나는 특징, 다시 말해 핵심어나 문구를 대문자(여기서는 진한 고딕체—옮긴이)로 두거나 이탤릭체로 강조하는 습성이 두드러져 보인다. 그는 자신의 이론적 어휘 목록에서 핵심 위치를 차지하여 그의 다양한 텍스트 전체에 곧잘 나타날 성싶은 용어를 곧잘 대문자로 표기한다.(예를 들어, 위 인용문에 들어 있는 '질주권DPROMOSPHERE'과 '대규모 광학LARGE-SCALE OPTICS') 또한, 좀 더 국소적으로 특별히 독자의 주목을 끌기를 바라는 용어도 대문자로 처리한다.(예를 들어, '입체적 돋을새김STEREOSCOPIC RELIEF') 이탤릭체의 빈번한 사용은 한 문장에서 핵심 요소의 중요성을 강조하고, 글 자체의 어조를 강하게 한다. 위 인용문의 프랑스어 원본에서 부정관사 'a'와 정관사 'the'의 빈번한 생략도 주목할 만하다.(예를 들어, 확대Magnification, 광학 축소optical diminution, 도플러 효과Doppler effect, 속도의 빛light of speed)

이런 특성으로 인해 그의 저술은 전보의 특성, 즉 급작스러운 느낌이면서 텍스트의 전달 또는 이행 속도 자체를 증대시킨다는 느낌마저 준다. 이 양상들은 모두 합치면 비릴리오 문체의 전형이 보인다. 즉, 대문자로 쓴 용어와 이탤릭체로 쓴 문구로 텍스트가 극적이면서 격한 특성을 갖는 한편, 빈번한 관사 생략과 한 사상이나 통찰에서 또 다른 사상이나 통찰로의 급속한 이행은 속도에 대한 사유를 언어로 구현한 듯 보인다. 비릴리오의 말처럼, 속도 경험이 일으킨다고 하는 지각과 이해의 변경 자체가 그의 문어체 구조에서 구현된 듯하다. 하지만 동시에 그의 저술을 밑받침하는 것은, 특정 용어 사용과 그 기저에 깔린 주요 관심사의 동일성으로 드러나는 놀라운 연속성이다. 예를 들어, 앞에 인용한 구절에서는 《극의 관성》과 《부정의 지평》에서 꽤 길게 전개한 개념이 중심(질주권, 속도의 빛)을 차지하고 있음이 분명히 드러난다. 다시 한 번 과학 이론의 언어 사용역(우주론의 언급에서)과 지각 언어 사용역('외관', '지각장애' 및 근접과 거리의 공간 경험의 언급에서) 간에 전환이 일어나기도 한다.

그러나 독자가 그 문투, 곧 그 전보체, 대문자 및 이탤릭체의 사용, 또 이 문체가 비릴리오의 저술 전체에 넘치는 속도에 대한 지배적인 관심을 반영 내지 구현한 방식에 세밀히 주의를 기울이지는 않는다면 이런 구절들은 별 의미가 없다. 이 구절들을 단지 잇단 단독 명제나 사실에 입각한 진술로 읽는다면 잘못 이해할 가능성도 있다. 앞 장 끝에서 주장했듯이, 비릴리오의 저술은 세계를 보고 이해하는 용인된 방식에 이의를 제기한다. 이를 위해 새로운 용어와 개념을 개발하고 기존의 것을 변형한다. 많은 텍스트에서 특정 신조어의 사용을 반복·누적하는 맥락에서만 그의 진술이 의미를 갖고 응집력과 설득력을 발휘하기 때문이다.

그렇다면 질주학은 속도가 현상의 출현을 결정짓거나 한정하는 방식에 관한 지식 체계로서, 속도를 반복 주제로 하는 개념 재형성 및 문체 혁신 연구를 기초로 한다. 여기서 논의한 질주학, 속도공간 및 빛시간 개념들, *그리고* 비릴리오의 담론 문체는 모두 속도로 경험과 의미, 이해가 펼쳐지는 고유 영역이나 환경을 만들고자 하는 사유에서 영감을 받아 나온다. 질주학은 비릴리오가 표현한 대로 "숨은 과학(속도과학)이요, 생명과학을 지원하는 병참의 보충이자 추가다".(Virilio 2005a : 132)

질주학을 생명과학, 즉 물리과학 내지 자연과학과 혼동하면 안 된다. 질주학은 나름의 특정하고 엄밀히 한계를 정한 관심 영역, 그 나름의 담론 진행 방법과 방식이 있다. 《부정의 지평》에서 비릴리오는 이렇게 언급한다. "바로 운송과 전송이 생산을 명령하여 현재 질주학은 그 이론이 전달 수단 형태를 취하는 학문처럼 보일 정도이다."(Virilio 2005a : 132)

비릴리오에게 문투는 보는 방식이다. 그리하여 지금까지 보여 준 바는 시각이 늘 운동의 벡터나 보는 주체와 객체의 상대적 위치 지정으로, '속도의 빛'에서 밝게 빛남으로 결정된다는 것이다. 여기서 전달 수단은 운동 벡터나 보기 관계를 결정하거나 이끄는 수단이다. 전달 수단은 기차나 자동차의 질주경, 문투, 또 앞으로 분명히 드러날 테지만, 텔레비전 화면, 컴퓨터 단말기나 비디오 감시 장치일 수 있다. 전달 수단 vehicle이라는 바로 이 관념에서 비릴리오는 질주학의 주요 주제 혹은 관심사로 꼽히는 체화한 체험의 가상화 내지 사막화를 다룬다.

질주학의 구성과 실천

속도 문제가 비릴리오 저작 전체에 걸쳐 두루 나온다는 점에서, 그의 저술 전체는 '질주학'의 실천으로 생각할 수 있다. 질주학은 속도 및 속도가 현상의 출현을 한정하거나 제한하는 방식에 관한 지식 체계로 이해해야 한다. 지식 체계로서의 질주학은 속도와 관련된 수많은 핵심 개념이 밑받침하는데, 가장 중요한 것이 '속도공간 speed space', '질주권 dromosphere' 및 '빛시간 light-time'이다. 속도공간은 상대운동 및 그 운동의 상대속도 내지 변화 속도를 특질로 하는 원초적 공간 경험의 차원을 일컫는다. 질주권은 빛의 속도와 관련된 속도의 영역을 나타내고, 빛의 통과에 따라 밝게 빛나거나 제한받는다는 점에서 속도 영역으로서 가시 공간이나 출현 자체를 표상한다. 빛시간은 현상이 빛의 노출 순간에 빛나는 방식에 따라 결정되는 시간성의 경험을 나타낸다. 빛시간은 과거, 현재, 미래로 확장하는 지속 기간이 아니라 현상이 빛에 노출되어 현상으로 보이게 되는 순간에 구성되느니만큼 '집중적'이다. 비릴리오의 질주학 개념을 과학 개념과 구별하려면 조심할 필요가 있다. 비릴리오는 또한 질주학 담론, 나아가 질주학의 이론적 관점에도 적합한 독특한 문체를 사용한다.

| 제 3 장 |

가상화
전달 수단·시각기계·가상 현전

세계의 사막화

앞 장에서는 비릴리오의 저술이 속도가 지각을 결정짓는 방식을 기술하는 것을 넘어 새로운 개념과 담론 전략을 전개하기도 한다는 것을 보여 주었다. 이 개념과 전략은 '질주학적' 관점이 일으키는 이해의 변모에 대응한다. 이 장에서는 현대 테크놀로지가 가져다준 전송 및 통신 속도의 가속화가 즉각적인 현전現前(presence)의 상실과 체화한 체험의 축소로 이어진다는 비릴리오의 주장을 고찰한다. 이는 1970년대 중반부터 오늘날에 이르기까지 비릴리오의 저술 전체에 걸쳐 등장하는, 곧잘 종말 내지 파국의 어조로 표현되는 주제이다.

몇 가지 점에서 그의 분석은 20세기 초에 속도 테크놀로지를 찬양한 이탈리아 미래학자들이 정교히 다듬은 관점을 떠올린다. F. W. 마리네티Marinetti(1876~1944)는 〈미래주의의 창립 선언〉(1909)에서 현대성을 속도의 시대로 정의할 수 있다며 이렇게 선언했다. "시간과 공간은 어제 죽었다. 우리는 이미 절대 속에 살고 있으며, 이는 우리가 영원하면서 동시에 어디에나 있는 속도를 창조해 놓았기 때문이다."(Apollonio 1973 : 22)

하지만 비릴리오의 질주학은 마리네티 식으로 속도를 찬양하기는커녕 지각 및 사회 공간이나 정치 공간의 형성에 속도가 미치는 부정적 영향을 지속적으로 언급한다. 그리고 더욱 빠른 운송 수단으로든 즉각적인 통신으로든 고속으로 세계를 횡단하는 능력을 세계라는 공간이나 부피, 또는 외연의 부정이라는 측면에서 바라본다. 이는 비릴리오가 초창기 저작인 《영토의 불안전성》에서 한 해설에서 분명히 드러난다. "지금 이후로 모든 것이 극단적이라, 세상의 끝END이 느껴질 수 있는 이 상황은 매개 수단의 과도한 전달 능력에서 기인하지만 환경의 초전도성에서도 기인한다."(Virilio 1993 : 264)

이는 비릴리오 저술 전체에서 거듭 반복되는 구절이며, 그의 최근 저작 중 《공황의 도시City of Panic》에서도 아주 비슷한 말로 되풀이되는 어구이다. "모든 길의 끊임없는 가속화를 거치며 영토에서 주거지 비율이 서서히 줄어드는 현상은 *세계의 사막화*라는, 알게 모르게 해를 입히는 형태이다."(Virilio 2005b : 113) 이 내용은 더욱 빨라진 속도의 세계를 '존재의 쇠퇴', '차원과 표상의 위기'를 겪는 세계(Virilio 1991b : 37, 50) 내지 노년기로 접어드는 세계(Virilio 2000d : 76)로 표현한 비릴리오의 전체적인 주장을 반영한다.

이 책 1장에서 말한 대로, 이와 같은 파국적 진술을 완전히 액면 그대로 받아들이고 속도 테크놀로지에 대한 비릴리오의 담론이 그저 부정적이며 비관적이라고 단정짓기 쉽다. 그렇지만 그의 저술은 수행적인 측면도 가지고 있다. 즉, 그의 저술은 우리에게 색다르며 거의 도발적인 방식으로 세상을 밝혀내고, 그냥 두었더라면 가려진 채로 있었을 테크놀로지의 발달 양상을 드러내며, 그에 대한 새로운 이해 개념 및 수단을 제공하려 한다. 앞에서 인용한 논평들이 드러내는 가장 흥미로운 측면은, 그 종말이나 파국의 논조가 아니라 운송 수단과 통신수단이 호환 가능해지는 방식이다. 즉, 고속 여행이 초래한 '환경의 초전도성'이 현대 통신이 일으킨 '매체의 과도한 전달성'과 결코 다르지 않다는 점이다.

이는 서로 다른 경험의 좀 이상한 융합처럼 보일 수 있다. 우리의 통상적 사고방식으로는 고속 운송으로 공간을 신속하게 이동하는 능력과, 현대 원격 통신 기술로 굉장히 먼 거리에서도 거의 즉시 통신하는 능력은 전혀 다른 이야기 같다. 고속 운송의 경우에 속도의 차이는 있어도 우리가 어딘가 다른 곳에 이르지만, 원격 통신의 경우에는 우리가 있던 곳에 그대로 있는 것이나 다름이 없다. 그러나 이러한 일반적인 이해는 비릴리오의 질주학 관점에서 가장 중요한 점을 간과한다. 바로 속도 자체가 현상이 아닌 현상 간의 관계라는 것을 보지 못하는 것이다. 물론 이 관점에서 보더라도 빠른 공간 이동 중에 있는 것과, 정지한 채로 떨어져서 보거나 듣는 것 사이에는 중요한 차이가 있다. 하지만 근본적으로 중요한 것은, 보는 주체와 객체

간의 시공간 관계가 특정 전송속도로 말미암아 바뀌었다는 점이다.(휙휙 지나가는 풍경, 가까우나 먼, 볼 수 있으나 만질 수 없는 화면 속 영상의 현전) 《부정의 지평》에서 비릴리오는 이를 다음과 같이 표현한다.

> 앞으로는 매개가 오직 하나 [있고], 그 매개란 벡터나 전달 수단이 아닌 속도이므로 시청각 매체와 (질주 시각인) 자동차 사이에 아무런 차이가 없고 속도기계인 이 둘 다 속도의 생산으로 매개된다.(Virilio 2005a : 116)

고속 운송과 즉시 내지 거의 즉시 통신은 질주경 관찰 또는 속도가 매개하는 시각이라는 같은 현상의 다른 양상이라는 한에서, 그만큼만 다르다. 앞 장 맨 끝에서 보았듯이, 비릴리오에게 차량은 단순히 자동화된 운송 수단이 아니라 훨씬 더 넓은 의미에서 보기seeing 수단 내지 특정 벡터와 전송속도로 시각을 분명히 나타내는 수단이다. 비릴리오 저술의 종말적 논조는 운송 양식이든 통신수단이든 '속도기계speed machine'의 관점에서 접근하거나 이해하고 판단하고 비판해야 한다. 더 구체적으로 말하면, 비릴리오의 파국론적 선언은 속도기계가 지각의 근본 원리 및 감각적 실재의 외관에 끼치는 영향에 대해 그가 분석한 결과에 근거한다.

| 가상 현전 |

 앞에서 말한 대로 지각 경험의 '가상화'는 비릴리오 저작에서 끈질기게 지속, 반복되는 주제이다. 이를 책 한 장章 안에서 다루기란 애초에 불가능하다. 이어지는 내용은 비릴리오가 《잃어버린 차원》, 《시각기계》, 《극의 관성》 등 세 편의 주요 저작에서 경험의 가상화에 대해 언급한 부분에 주로 집중할 것이다. 앞선 장들에서는 비릴리오가 받아들이는 현상학적 관점에 따라 체험의 '현전'을 언제나 지각에 나타나는 현상의 출현 속에서 또는 그 출현과 함께 구성되는 최초의 시공간성 측면에서 바라보게 되는 방식을 보여 주었다. '실제 현전'이라 이를 수 있을, 시야 안에 있어 쉽게 만지거나 사용하거나 조작할 수 있는 감각 대상의 겉으로 드러나는 즉각성은, 지각하는 신체의 이 최초 상황성을 바탕으로 사유할 수 있을 뿐이다.

 비릴리오의 주장은 속도기계가 우리의 지각 방식을 근본적으로 바꾼다는 것이다. 시각기계는 '실제 현전'을 구성하는 시공간 요소들을 바꿔서 우리가 감각적 외관 세계와 맺는 관계를 재구성한다. 이 지각 변경은 앞선 장들에서 살펴본 기차 및 자동차 여행의 예에서 이미 기술했다. 그런데 비릴리오의 말에 따르면, 속도기계의 영향은 신속 또는 고속 이동의 질주경 관찰 경험에 국한하지 않는다고 한다. 훨씬 더 중요한 것은, 사회가 속도기계로 넘쳐나서 이른바 '원격 위상적 teletopological' 지각의 구조화를 일으키는 방식이다. 이 용어도 비릴리오가 만든 신조어로, '먼'

또는 '멀리'를 뜻하는 그리스어 'tele'(television이나 telecommunication에 서처럼)와 '장소' 또는 '공유 장소'를 의미하는 그리스어 'topos'에서 나왔다. '위상성topological'이 일정한 장소의 실재, 그 역사적 지리적 형태와 관련된다면, '원격 위상성teletopological'은 멀리서 보는 장소나 형태의 실재에 관련된다. 《시각기계》에서 비릴리오는 실제 현전 구조화에서 일어나는 이 같은 변경을 다시 한 번 메를로 퐁티를 참조하여 다음과 같이 기술한다.

> 내가 보는 것은 모두 원론적으로 내 지각 범위 내에(적어도 내 시선이 닿을 수 있는 범위 내에) 있고, 그것은 '내가 할 수 있는 일'의 지도에 등록된다. 메를로 퐁티는 이 중요한 어구에서 일상이 되어 버린 원격 위상으로 파괴되는 바를 꼼꼼히 기술한다. 내가 보는 것의 본질이 실제로나 원론적으로 더 이상 내 지각 범위에 있지 않으며, 내 시선의 범위 안에 있다고 해도 이제는 그것을 '내가 할 수 있는 것'의 지도에 반드시 적어 넣는 것은 아니다.(Virilio 1994b : 7)

'내가 할 수 있다ᴄᴀɴ'는 관념은 후설과 메를로 퐁티의 저작에서 발견할 수 있으며, 이는 다시 한 번 지각이 육체의 상황 속 가능성과 정위定位에 뿌리를 두는 방식을 기술한다. 이로써 비릴리오는 '원격 위상'이 어떤 시야에서든 지각하는 대상과, 그것을 만지거나 사용하거나 조작할 수 있는 우리 몸의 능력을 분리시킨다고 시사한다. 이건 다소 복잡해 보일 수 있지만, 아주 단순 명료한 상황을 언급한 것이다. 즉, 위성방송이 방영하는 영상이나 생방송되는 화상회의 때 화면에 보이는 형상은 그것을 바라볼 수 있기 때문에 가시 영상 혹은 형상으로 이해할 수 있으나, 그것에 손을 대거나 다가가거나 물리적으로는 관여할 수 없다.

여기서 비릴리오는 여느 때처럼 이 경험을 더 자세히 들여다보며, 그 영상들이 일으키는 감각적인 것과 가지可知적인 것의 분리가 가져올 문제점을 생각해 보라고 권하는 것이다. 그는 여기서 풍부하거나 밀도 있는 감각 경험의 상실 내지 감소가 작용하고 있음을 본다. 《부정의 지평》에서 그는 이를 언급하며 그것이 마치 "속도가 바로 덩어리들의 밀도를 공격하는 듯한, 마치 그 목표가 갑자기 물체 전체의 내구력과 두께가 되어 버린 듯하다"(Virilio 2005a : 125-6)고 주장한다. 비릴리오는 원격 위상이나 실제 현전에 맞선 가상 현전을 말할 때 바로 이 물체의 밀도, 내구력 및 두께 상실을 언급한다.

비릴리오의 이 같은 관심은 영화 영상 및 그가 '소멸의 미학'이라고 명명하는 현상을 논의할 때 가장 두드러진다. 영화 영상의 예시는 가상 현전을 말할 때 비릴리오 자신에게 정확히 쟁점이 되는 점의 이해를 돕는 수단이 된다. 그는 영화를 언급하며 '출현의 미학aesthetic of appearance'을 한쪽으로, '소멸의 미학aesthetic of disappearance'을 다른 쪽으로 하여 따로 구별한다. 전자는 우리가 그림이나 조각 같은 예술 작품을 만나는 방식을, 후자는 필름의 상을 보는 방식을 기술한다.

비릴리오는 조각품이나 그림이 그 물질성 덕분에 시간이 가도 질기게 존속하며 안정된 형태로 나타나는 방식에 관심을 갖는다. 예를 들어, 밀로의 비너스나 모나리자는 둘 다 있는 그대로 있으며, 제작에 쓰인 돌과 캔버스, 물감, 안료 때문에 여전히 독특함과 내구성을 유지하고 있다. 그런데 필름 영상이 나타나는 방식은 이와 다르다. 그 물적 토대가 조각한 돌이나 물감 또는 안료의 고정성이 아닌, 영사용 전구 앞에 지나가는 셀룰로이드의 빠른 이동이므로 그와 같은 안정성이 전혀 없다. 영화 관객은 연달아 지나가는 영상에서 연속감을 느껴 움직이는 영상을 경험한다.

비릴리오는 영화 영상이 일으키는 움직이는 듯한 착각을 '망막의 잔상 효과$_{\text{retinal persistence}}$'라는, 이제는 한물간 이론을 언급하며 설명한다. 한때 과학자들은 이 이론을 들어 정지한 영상들의 빠른 잇따름을 움직이는 영상으로 보는 이유를 설명했다. 그 가설은 시각 자극이 사라지고 나서도 그 자극은 몇 십만 분의 1초 동안 기억에 저장되어 있고, 이 기억의 보유로 각 필름 영상 간의 어두운 틈을 채울 수 있다는 것이다. 저마다 앞선 시각 인상이 완전히 지나가기 전에 새로운 시각 자극이 눈에 새겨져 연속감을, 그리하여 움직이는 느낌을 만들어 낸다. 필름이 일으키는 움직이는 듯한 이 착각을, 최근에는 '파이 효과$_{\text{phi effect}}$'라 알려진 이론을 참조해 설명한다. 이제는 우리 망막에 움직임의 탐지를 전문으로 하는 특정 뉴런이 존재하고 바로 이 뉴런 때문에 정지한 영상들이 잇따를 때 하나의 영상이 움직이는 듯 보일 수 있는 것이지, 지나간 시각 자극 기억의 보유 때문이 아님을 안다. 비릴리오는 이 이동하는 듯한 착각, 즉 '파이 효과'가 일어나는 정확한 기제보다, 조각이나 그림의 안정된 물질적 현전이었던 것이 영화 영상의 불안정하고 휙 지나가는 현전에 밀려난다는 사실에 더 주목한다. 영화 영상의 지속 기간은 그 영상의 통과 내지 소멸 기간이다.

출현의 미학에서 소멸의 미학으로 옮겨 가는 이 전환은 《잃어버린 차원》에서 다음과 같이 기술된다.

> 안정된 형태 덕에 현전하는 안정된 영상이란 출현의 미학에서, (영화, 영화 그래픽의) 빠른 질주 때문에 현전하는 불안정한 영상이란 소멸의 미학까지 우리는 굉장한 표상 변환을 경험했다. 물질적 토대를 지속하는 기간에 존속할 운명인 형태와 부피의 등장에 이어, 유일한 지속 기간이 망막 잔상 기간인 영상들이 나타난 것이다.(Virilio 1991a : 25-6)

여기서 논점은 단순히 우리가 다른 유형의 예술을 바라보는 방식의 차이가 아닌, 새로우면서 아마도 예기치 않거나 눈에 띄지 않게 더 일반화된 지각 습관을 구조화할 수 있는 보기 양식 혹은 방식이다. 이 논변이 말하는 바는, 영화의 도래로 세계를 집단 경험할 새로운 가능성이 나타난다는 것이다. 가시적 영상이 표상 대상의 물질적 부재로 구성되는 한에서 비릴리오에게 소멸의 미학은 철저히 다른 것인데, 가장 중요하게는 그 영상의 출현appearance에 고유한 빠르게 지나가는 속성이 지각의 시간성을 다르게 구조화하기 때문이다. 《시각기계》에서는 이 문제를 영화 영상을 '대상화하는', 즉 가시적 형상이나 형태로 실현하는 다른 과정의 측면에서 논의한다.

> 영상의 대상화 문제는 [영화에서] 종이나 영화 필름의 표면 지지 surface-support와 관련해서, 즉 물질적으로 관계하는 공간에 관해서가 아니라 시간과 관련해서, 보기를 허용하거나 편집하는 이 노출 시간과 관련해서 제기된다.(Virilio 1994b : 61)

이 간명한 말은 앞 장에서 논한 빛시간의 사유를 즉각 상기시킨다. 출현의 미학에서 소멸의 미학으로 옮겨 간다고 비릴리오가 규명하는 이 전환에서, 논점은 공간적이고 물질적인 관계를 상실하고 그 대신에 노출이란 시간 차원과 두드러지는 관계를 갖는다는 것이다. 지속 기간(돌, 캔버스, 물감 등의 물질적 불변성과 존속 기간)의 시간 구조가 밀려나고, 그 자리에 출현 형태가 밝아지는, 즉 (영사기가 발산하는) 빛에 노출된 찰나에만 나타나며 사실 한순간이면서 그 형태의 끊임없는 소멸 순간이기도 한 찰나에만 나타나는 구조가 들어선다. 그렇다면 영화는 시간성과 공간성이 변형되는 감각적 외관 세계의 영상image을 제공한다. 즉, 공간적·물질적 외연을 잃고 그 대신에 비릴리오가 명명한 바 노출 시간성의 '집중도'를 택한다.

이를 표현하는 한 방식으로 영화 영상이 세계를 보는 다른 종류의 창을 제공한다고 말할 수 있다. 《소멸의 미학 The Aesthetics of Disappearance》에서 비릴리오는 19세기 말과 20세기 초 영화관의 등장으로 집단 바라보기 방식이 바뀐 것에 대해 자세히 이야기한다. 이제 뉴스영화나 기타 화면으로 전 세계 공간의 현실을 수백만이 볼 수 있게 되었다. 영사용 전구 앞으로 기계의 힘을 빌려 셀룰로이드 필름이 통과하는, 다름 아닌 세계를 달리 '비추는lighting' 방식, 즉 세계에 시각이 쉽게 가 닿고 그리하여 의식적 파악은 쉽게 하는 방식을 나타낸다. 이런 맥락에서 비릴리오는 '발동기의 출현'을 이야기하며 이중의 의미를 추론해 낸다. 즉, 동력을 이용한 필름 영사映寫가 일종의 바라보기 테크놀로지로서 등장·출현할뿐더러 그 영사에 속한 고유한 출현 양식을 갖기도 한다는 점이다. 즉, "발동기의 출현으로 또 다른 태양이 떠올라 시계를 완전히 바꾸었고, 그것이 빛을 밝히는 방식은 모든 생활을 철저히 바꿀 것이다".(Virilio 1991b : 50)

어떤 면에서는 이런 생활의 변화가 사회 습관과 직결된다. 캄캄해진 방에 영화를 보러 모인 사람들의 모임은 교회나 연극 극장 모임과 분명 다르다. 교회나 연극 극장에서는 실제 현전하는 신체(승려나 배우)들을 포함하는 신성한 의식이나 공연을 제공하는 데 비해, 영화는 빛으로만 이루어진 볼거리, 비릴리오가 "인공 별자리가 흡수성 있는 천문관에서 푸르게 빛난다"고 한 볼거리이며, 여기서는 "관객 자신도 깜빡이는 신비한 빛을 발하면서 형광을 띠게" 된다.(Virilio 1991b : 59) 이 빛의 장관 내에서 세계 공간은 그곳에 부재해야 존재할 수 있게 되며, 필름 영상들의 속도와 쏜살같은 움직임은 시각을 거리와 시공간의 제약에서 해방시킨다. 영화관의 도래와 함께 다음이 일어났다.

모든 것이 다수의 *빛나는 관객* 내에서 일어났으니, 그들이 바라보는 공동의 분출은 갑자기 종種 전체를 싹 변이시켰고, 모든 것이 이미 그 인공일false day에 거기에 있는 관성의 순간이 되었으니, 이날을 만든 빛의 탈출 속도는 우리를 여행 욕구에서 사실상 해방시키는 대신 이제 줄곧 도착하고 우리가 줄곧 기다리는 세계에 조바심을 내며 주의를 쏟게 한다.(Virilio 1991b : 59)

이렇게 바라보는 세계에서는 가령, 런던의 이스트 엔드 지역 관객을 인도의 타지마할과 떼어 놓는 시공간 간격이 절멸되는 대신에 멀리에서 바라보기, 글자 그대로 원시tele-vision가 일어난다. 원시遠視는 출발하거나 여행할 필요를 부정하며, 출발이 전혀 일어나지 않았는데 가시 영상이 도착하게 하는 것이다.

'인공일人工日(false day)' 관념은 비릴리오의 가상 현전 설명에서 핵심 역할을 한다. 그는 인간이 수세기에 걸쳐 서로 다른 테크놀로지로 세계를 달리 밝힐 수 있었던 방식에 관심을 보인다. 인간은 햇빛을 보충하려고 촛불, 횃불, 등불, 마침내 전력 광원(전구, 네온관 등)을 사용했다. 그런데 영화 영상은 '세계를 보는 창'으로서, 우리를 멀리 있는 가시 형태와 갈라놓는 시공간 간격을 없애서 태양일solar day을 보충하는 여러 수단의 한계를 넘어 대체 시각 구조로의 결정적인 전환을 나타낸다. 여기서 가시 형태를 '비추는' 것이 직접 광원에서 발산하는 빛의 반사가 아니라 바로 필름의 빠른 이동이 매개하는 빛의 통과이며, 이로써 이를테면 간접으로 밝아진 가시 형태, 부재하기에 현전하며 소멸 순간에 출현이 예측되는 형태가 생긴다.

영화 영상이란 소멸의 미학과, 그것이 보는 행위의 시간성과 공간성 둘 다에 끼치는 영향을 비릴리오는 우리 시대 텔레비전 및 나아가 현대 매체 세계의 전조라고 인식한다. 영화가 태양일과 나란히 존재하기 시작한 인공일의 시발을 나타낸다면, 텔레비전과 우리 시대 매체는 그 인공일의 빛이 절정에 다다랐음을 나타낸다. 텔레비전의 '날빛daylight'은 필름 영사기에서 발산하는 날빛보다 현전과는 훨씬 더 동떨어졌다 하겠다. 필름 영상은 그것이 그려 내는 형상이나 형태와 어느 정도 직접적인 관계가 있는데, 그 형상이나 형태에서 반사되는 빛이 그 대상에서 영화 필름의 감광면으로 *직접* 지나갔기 때문이다. 이는 비록 가상이긴 해도 표상한 대상의 물질적 현전 흔적이 어느 정도 있음을 함축할 수 있다. 그러나 텔레비전이나 기타 전자 혹은 디지털 전송 형태에서는 그렇지 않다. 텔레비전으로 방송될 형태에서 반사되는 빛은 전기 파동으로 변환되며, 그런 후에야 텔레비전 자체의 화면에서 가시 영상으로 재변환된다. 이는 앞으로 분명해지겠지만 비릴리오가 '파동광학wave optics'이라 이르게 되는 현상이다. 여기서 다시 한 번 비릴리오의 주된 관심은, 전자 영상으로 된 인공일이 시공간성을 재구조화하면서 가시 형태의 지각을 좌우하는 방식에 이른다. 《잃어버린 차원》에서 그는 명확하게 텔레비전을 집의 창에 비유한다.

우리는 그 후 줄곧 커튼을 걷을뿐더러 텔레비전도 켠다. 날빛이 바뀐 것이다. 즉, 천문의 태양일에는 촛불의 불분명한 날이 추가되었고, 전깃불에는 이제 *전자 인공일*electronic false day이 추가되는데, 이날에는 실제 시간과는 아무런 관련 없는 정보 '교환'의 달력만 있다. 이렇게 순간 노출되는 시간이 연대기와 역사의 흘러가는 시간을 대신한다.(Virilio 1991a : 14)

이 해설에 비추어 보면 앞 장에서 논한 '빛시간' 관념은 시간의 속성을 속도 관점에서 재고해 보려는 새로운 질주학 개념으로 그치지 않는다. 빛시간은 영화, 텔레비전 및 디지털 매체라는 속도기계가 매개하므로 지각 경험이 체험하는 시간성이기도 하다. 빛시간은 전자 원격 영상으로 만든 인공일의 시간이다. 가상 현전 설명에서 비릴리오의 주요 관심사는, 영화 및 지금 우리 시대 매체가 공간성과 확장성(신체 경험의 공간성과 시간 지속의 확장성)에서 시간성과 집중성(빛시간의 노출과 노출 순간의 집중성)으로의 전환을 가져왔다는 것이다.

비릴리오는 다름 아닌 집단적 보기seeing 및 표상 방식의 일반화한 변형, 다시 말해 그가 '변이'라 이른 현상을 기술하려 한다. 이 변형의 원인은 곧바로 영화, 텔레비전 및 기타 멀리서도 지각이 일어날 수 있게 하는 디지털 매체의 도래에서 찾을 수 있다. 우리가 영화, 텔레비전 및 기타 매체를 단순히 있는 그대로 주어진 선재先在하는 실재의 표상 형식이라고 생각한다면, 비릴리오는 그 매체들이 근본적으로 다른 방식으로 세계의 외관을 밝히거나 구성하는 결정적인 면을 우리가 놓치거나 못 보고 넘어가는 것이라고 주장할 것이다. 우리의 집단적 사회 및 문화 경험이 이런 속도기계 내지 지각 전달 매체에 젖을수록, 실재를 파악하고 이해하는 우리의 일반적인 습관에 그런 기계가 미칠 영향도 커진다. 여기서 비릴리오는 다시 한 번 우리가 집단으로 우리 시대 매체를 경험하는 가운데 일어나는, 즉각적 감각 지각으로 생기는 풍부함과 다양성의 점진적 상실을 규명한다. "직간접 정보 간의 불균형 증대는 그 자체가 다양한 통신수단의 결과로, 매체를 통한 정보에 과도하게 가치를 두어 감각 정보를 손상시키기 쉬우며 현실 효과reality effect가 직관적 현실을 대신하는 듯 보인다."(Virilio 1991a : 24)

비릴리오는 여기서 현실 효과를 한쪽에 놓고 '직관적 현실'을 다른 쪽에 두어 이 둘을 구별하는데, 우리의 세계 경험을 텔레비전이나 기타 매체의 인공일이 매개할수록 그 구별은 점점 더 모호해진다고 주장한다. 한편에서 이것을 단지 세계에 대한 정보가 텔레비전 및 그 밖의 방송 매체를 거쳐 우리에게 중계되는 동안 그것을 바라보는 일로 한정하면, 이는 우리가 '보는 것을 믿기'를 잘한다는 뜻일지도 모른다. 이에 대한 반응으로 가령 텔레비전이나 다른 뉴스 시청자들이 회의하고 냉소할 수 있다는 점에서, 우리가 전자 매체가 만들어 내는 '현실 효과'에 으레 신빙성을 부여하는 것은 아니라고 주장할 수도 있다. 그러나 여느 때처럼 비릴리오의 논변은 우리가 보거나 빨아들이는 정보의 *내용*에 보임직한 반응의 범위보다는, 그 출현 양식이나 구조 또는 방식과 더 관련이 있다. 우리가 보는 것에 회의를 품는 정도 따위보다 중요한 것은, 우리가 접하는 지각 구조화 방식이 다른 만큼 감각적 실재를 파악하는 방식도 다르다는 사실이다. 비릴리오는 이를 다음과 같이 표현한다.

> 앞으로 우리는 감각적 실재의 (생방송이든 녹화든) **공동생산**에 참여한다. 여기에는 직접 지각과 매체를 통한 지각이 뒤섞여 있는데, 이는 공간을, 주변 환경을 즉시 표상하기 위해서다. (시간과 공간) 거리의 실재와 다양한 (비디오 그래픽이나 정보 그래픽) 표상의 거리 두기 사이에 놓인 간격은 없어진다.(Virilio 1991a : 30-1)

직접 지각과 매체를 통한 지각의 한데 섞임이야말로 비릴리오 눈에는 알게 모르게 해로운 혼합체가 되는 것이다. 그렇게 되면 현대 매체인 속도기계를 타고 세계가 우리에게 도착하는 특정한 방식을 우리가 보지 못하게 되기 때문이다. 예를 들어 우리가 거실에 앉아 텔레비전에서 중동에서 일어난 폭발 사건에 관한 뉴스를 보고 있다면, 우리의 시각 및 촉각 영역은 수많은 다양한 요소, 즉 안락함 정도가 다른 의자 덮개, 주변 환경(양탄자, 가구, 머리맡 전등 따위)의 친숙함, 빛을 내는 텔레비전 화면으로 구성된다. 그리고 텔레비전 화면이 우리에게 가까운(화면은 고작 몇 미터 떨어져 있을 것이다.) 관계이면서 먼(영상 자체는 멀리 떨어진 위치에서 거의 즉시 도착한다.) 관계로 영상을 전한다. 텔레비전 영상의 근접 인상은 물론 완전히 거짓이다. 하지만 세상으로 난 이 '다른 창' 바라보기가 우리의 지각 습관에 아주 깊이 배어 있어, 우리는 그 창에 뜨는 영상을 바로 가까이서 우리를 둘러싸는 외관만큼이나 당연히 받아들인다. 우리는 원격 영상 내에서 거리가 근접보다 우세하고, 전송 시간이 감각적 현전의 공간적 구체성보다 우세하며, 무엇보다 현전하는 것이 그 부재 속에서만 눈앞에 나타난다는 것을 알아차리거나 제대로 파악하지 못한다.

이는 비릴리오가 '원격현전tele-presence'이라 이르게 되는 현상이다. 《잃어버린 차원》과 《시각기계》, 《극의 관성》 같은 저작에서 '경험의 가상화'에 관해 제시하는 설명은 전반적으로, 그것이 현대 통신과 디지털 혹은 방송 매체의 속도기계가 가져오는 원격현전의 일반화 과정이란 생각에 기댄다고 하겠다.

> 간접적이며 매체를 통한 수용이 (자연 그대로이거나 건설한) 대상과 표면, 부피를 직접 지각하는 찰나를 대신하며 나날의 지속과 매일의 달력을 회피하는 접점에 있다. 더는 착각에 빠지지 말자. 즉, 우리는 결코 텔레비전의 근접에 가까이 있지 못할 것이고, *그 매체는 우리 시대의 것이 아니며*, 오늘날 우리는 그 매체 재전송의 신속함과 현재 순간을 포착하고 측정할 수 있는 우리의 능력 사이에서, 갈수록 벌어지는 그 틈바구니에서 살고 있다.(Virilio 1991a : 84)

영화라는 소멸의 미학에서 현대 매체의 원격현전에 이르기까지 이 '대상과 표면, 부피의 직접 지각' 상실이 집단 경험의 가상화에 대한 비릴리오 설명을 이끄는 가닥이요 통합하는 원리가 된다. 각각의 경우에 속도 및 (필름 릴이 영사용 전구를 지나고, 전자 혹은 디지털 자료를 즉시 이송하는) 상대적 전송속도는 공간적·물질적 결정소를 없애는 대신에 노출 시간성과 원격현전의 가상성이 우위를 차지하게 되는 출현 양식을 택하여 우리의 지각을 변형시킨다.

| 시각기계 |

가상화 및 원격현전에 대한 비릴리오의 설명은 '속도기계speed machines'란 관념에 크게 의존하지만, 또한 '시각기계' 관념에도 의존한다. '시각기계vision machine'란 우리의 보기 방식을 변경하거나 확장할 수 있는 기계 보철물(즉, 정상적 신체 기능을 대신하거나 보완하는 인공 장치)이라고 하는 것이 가장 적절할지 모른다. 비릴리오는 특유의 잡박함을 섞어 사변적으로 서술한 르네상스 이래의 시각기계 발달사를 제시한다.

  이 설명과 함께 비릴리오의 시각기계 관념에서 중심을 차지하는 용어는 '투명transparency'이라는 용어이다. 보통 투명이라 하면 특정 물질을 투과하는 광선을 지각하는 가능성으로 이해한다. 비릴리오는 《극의 관성》에서 이렇게 정의내린다. "투명이란 '빛을 잘 통과시키는 것'이거나, 아니면 '(예컨대 유리처럼) 바로 그 밀도를 통해서 대상을 분명히 식별하도록 하는 것'이다."(Virilio 2000d : 55) 이런 맥락에서 빛이 투명한 매질媒質(medium)을 잘 통과

할수록 현상과 나아가서 감각적 외관 세계가 '밝아지거나' 시각이 쉽게 가 닿을 수 있게 된다. 애당초 이 매질이란 지구의 대기 자체로서, 빛이 그것을 투과하며 풍경과 지평선, 자연 그대로이거나 인간이 만든 건축물을 비추는 것이다. 비릴리오의 말에 따르면, 인간 역사의 주된 특징은 영토 공간과 그 대기가 제공하는 이 원천적 투명을 보충하거나 변형하는 인공 매질의 발명에 있다.

이는 유리의 발명으로 시작해 광전자공학에서 절정을 이루는 역사로, 비릴리오는 《극의 관성》에서 다시 텔레비전을 언급하며 이렇게 말한다.

> 공간의 투명, 여행 지평, 전 세계에 걸친 우리 여정의 투명을 대신하는 것이 이 음극 투명 cathodic transparency이며, 이는 다름 아닌 4천 년 전 일어난 유리 발명의 완벽한 확장이다. 그리고 '그 창', 즉 그 불가사의함에도 중세에서 현재에 이르기까지, 아니 더 정확히는 우리 여행의 마지막 지평인 전자창 electronic window의 새로운 발명에 이르기까지 도시 건축사를 특징짓는 대상의 확장이다.(Virilio 2000d : 18–19)

이 해설은 앞서 논했다시피 비릴리오가 텔레비전을 가리켜 세계를 보는 또 하나의 '창'이라고 하는 이유를 어느 정도 보여 준다. 그는 공간 본래의 투명함을 유리의 투명함이 보충해 건축 및 도시의 발달 가능성을 변모시키는 역사를 말하고 있다. 유리 창문의 발명은 새로운 가옥 건설 방식의 도래 및 세상을 바라볼 수 있게 하는 새로운 매질媒質(medium)을 가능하게 한다. 투명의 속성에서 생긴 이 혁신의 영향은 도시 공간, 나아가 거주 공간을 건설하고 조직하는 영역 내에서 주로 감지된다. 지구 대기의 자연적 투명에서 현대 원격 시각 매체의 '음극 투명'으로 가는 이 이행에서 그 다음으로 중요한 혁신의 순간은, 르네상스기의 광학 테크놀로지, 특히 망원경의 발명이다. 유리 창문이 도시 건축 및 디자인에 널리 영향을 끼쳤다면, 망원경은 지각知覺의 근본적 가능성 및 물리적 우주를 파악하고 아는 근본 방식을 결정적으로 변모시킨다. 망원렌즈의 확대력은 비릴리오가 《시각기계》의 서두에서 내비치듯 전혀 새로운 투명 양식의 시작이 된다.

> 이 시각 보철물의 모형인 망원경은 우리가 도달할 수 없는 세계의 영상 및 그와 함께 이 세계를 나아가는 다른 방법을 투영한다. *지각의 병참학*은 이전에 없던 시선 이동을 시작으로 망원경 통을 포개 접는 방식의 원근 단축을 창조하는데, 이는 우리의 거리 및 차원 이해력을 폐기하는 *가속 현상*이다.
> 오늘날 르네상스기는 고대로의 회귀 그 이상으로 간격이란 간격은 다 횡단한 한 시기의 출현, 현실 효과에 즉각 작용하는 형태학적 침입으로 보인다.(Virilio 1994b : 4)

망원경의 발명으로 원격현전의 기원은 역사적 위치를 잡을 수 있게 됐으며, 비릴리오는 이 사실이야말로 다른 여러 기술이 초래한 시공간 지각의 변형이 순전히 19세기 말과 20세기 혁신의 산물은 결코 아니라는 점을 분명히 보여 준다고 보았다. 물론 그는 특정한 역사적 계기나 근대성의 분수령 이전에는 우리에게 테크놀로지가 없었다고 말하는 것은 아니다. 비릴리오는 다만, 이 '투명'의 사변적 역사라는 맥락 내에서 르네상스기 및 근대 초기의 광학 테크놀로지가 시각기계 개발의 첫 계기를 나타낸다고 시사한다.

광학렌즈가 제공하는 투명은 (대기나 창문이 제공하는 것과는 달리) 현대 시각기계가 일으킨 공간지각의 재구조화 중 첫 단계를 나타낸다. 있는 그대로 보여 주는 투명한 유리에서 망원렌즈의 투명도 확대로 나아가는 이 발전은, 전파 또는 전자파를 전송하여 시각적 지각을 허용하는 우리 시대의 테크놀로지 창조에서 절정을 이룬다. 비릴리오는 이것이 전혀 새로운 투명 체제라고 주장하는데, 빛이 시각vision을 가능케 하는 물질(즉, 창문이나 렌즈의 유리)을 직접 투과하는 게 아니기 때문이다. 광선은 다른 에너지 유형으로 변환한 다음에, 다시 빛으로 재변환하여 시각 지각을 발생시킨다. 이 새로운 투명 체제는 직접 보기에서 간접 보기로의 전환을 함축한다. 빛이 광원에서 투명 매질을 거쳐 우리 눈으로 들어오는 게 아니라, 아예 광원에서 출발해 무선 혹은 전자 전송을 거쳐 간접적으로 우리 눈에 들어오기 때문이다. 비릴리오는 직접 투명에서 간접 투명으로의 전환이 또한 수동 광학에서 능동 광학active optics으로의 전환을 함축한다고 시사한다.

물질의 직접적 투명이 탁월한 것은 우선 새로운 광학, 곧 능동active 광학의 등장 때문이다. 능동 광학은 최근 광전자공학과 전자파 시청 및 장치 발달의 소산으로, 이는 결과적으로 이전에 망원렌즈나 현미경, 녹화용 카메라 같은 수동 광학이 누리던 우월성을 해친다. 달리 말해 우리는 고전적인 기하幾何광학geometrical optics과 함께, 정확히 그와 동시에, 파동광학wave optics[optique ondulatoire]의 효과적인 도입을 목격했다.(Virilio 2000d : 56)

이 내용이 시사하는 바는, 비릴리오가 보기에는 시각기계가 지각에 끼치는 영향이 단순히 그 기계가 공간 및 공간한정spatial determination(바닥, 천장, 벽면으로 공간 경계를 형성—옮긴이)과 우리의 관계를 바꾸는 방식에만 있지 않다는 것이다. 단순히 멀리 있는 사물을 망원경이나 텔레비전으로 보면서, 그것을 즉각 현전하는 것으로 지각하여 보통의 원근 구별을 없애는 차원이 아니다. 논점은 감각적 외관의 형태들이 우리 눈에 보이도록 하는 매질이며, 여기에 현전과 부재, 출현과 소멸이라는 범주도 포함한다. 영화의 도래로 시작된 '소멸의 미학'처럼, 파동광학의 간접적이며 능동적인 투명함은 바로 가시 형태의 *존재* 방식을 바꾼다. 이런 의미에서 이 장 앞에서 논한 현대 매체의 원격현전은 단순히 '멀리에서의 현전', 말하자면 멀리에 실존하면서 가까이로 오게 되는 존재의 완전함이 아니다. 원격현전은 엄밀히 말해, 현전도 부재도 아닌 '거기에 있는 존재'의 가상체, 원격현전하는 형태라는 본체론적 지위를 요구할 수도 있을 존재를 침해하는 가상체를 함축한다. 한 마디로, 파동광학은 감각적 외관의 존재를 변경한다.

비릴리오의 설명에 따르면, 파동광학이 초래한 공간한정체의 변모와 함께 고려할 때 이 가시 형태의 존재 또는 실체 변경은 커다란 파장을 불러일으킨다. 투명은 매질이면서 지각의 지평이기도 하다. 가시 세계를 바라보는 방식을 한정하는 원천적 지평은 여러 형태의 지식이 발전하는 방식과 분리할 수 없으므로 물리적 우주에 대한 우리의 이해 확대와도 분리할 수 없다. 예를 들어, 앨프리드 크로스비Alfred Crosby는 르네상스기에 광학 기술의 부흥이 과학적 세계관의 발달은 물론이고, 서구 문화가 전 세계로 퍼져 나가는 데 결정적인 영향을 미쳤다고 설득력 있게 주장했다.(Crosby 1997) 에드문트 후설도 1930년대에 저술한 《유럽 학문의 위기와 선험적 현상학》에서, (망원경 덕분에) 천문학에서 갈릴레이가 이룬 혁신이 근대과학 부흥에 초석을 이루는 계기였고, 특히 현대 과학이 현상 세계에 기하학적·수리적으로 접근하는 기초가 되었다고 주장했다.(Husserl 1970) 이런 주장이 시사하는 바는, 르네상스기의 기하광학에서 우리 시대 테크놀로지인 파동광학으로의 전환이 단지 우리의 지각만이 아니라 물리적 우주의 이해 방식을 구성하는 기본 요소를 재편성할 잠재력이 있다는 점이다. 비릴리오가 보기에, 시각기계가 매개하여 지각에서 일어나는, "현실 효과에 즉각 작용하는"(Virilio 1994b : 4) '형태학적 침해'는 우리가 세상을 경험하고 알게 되는 방식의 거의 모든 양상을 변모시킬 잠재성이 있는 것이다.

그렇다면 시각기계의 역사 및 최근 파동광학이 가져온 시각기계의 확산에서 논점은, 시공간의 지각만이 아니라 지식을 구성하는 기본 요소, 더 나아가 인간 의식의 성격 변화이다. 앞서 비릴리오가 《시각기계》에서 메를로 퐁티를 인용해 지각의 원격 위상적 구조가 신체 가능성의 기본 요소를 훼손시킨 방식을 어떻게 내비쳤는지를 보여 준 바 있다. 비릴리오는 원격현전의 가시 형태는 '내가 할 수 있는' 것의 지도에 기입되지 않으며(Virilio 1994b : 7), 결정적으로 손이 닿을 수 없는 곳에 있어 몸과 감각적 외관 세계의 관계가 급격히 바뀐다고 주장했다. 《지각의 현상학》에서 메를로 퐁티는 후설의 미출간 저작을 인용해 다음과 같이 단언한다. "의식은 애초에 '나는 그것을 생각한다'의 문제가 아니라 '나는 할 수 있다'의 문제다."(Merleau-Ponty 2002 : 137)

여기서 메를로 퐁티는 르네 데카르트René Descartes(1596~1650)가 가정한 의식의 모형에 분명히 반론을 펴는데, 데카르트는 그 유명한 '나는 생각한다. 고로 존재한다'란 명제를 통해 이성적인 자아의 즉각적인 자기현전self-presence에 입각해 사유한다.(Descartes : 1999) 비릴리오처럼 신체 가능성에 대한 이 갈래의 현상학적 사유를 따른다면, 파동광학으로 가능해진 원격현전과 지각의 원격 위상적 구조화가 집단적 의식 형태를 변경하리라는 것은 거의 자명하다. 의식 자체가 가시 세계에 대한 체화한 지각으로 생기거나 그에 입각해 있다면, 현대사회를 가득 채운 시각기계는 우리가 새롭고도 예기치 않게 세계를 의식하는 방식을 결정지을 것이다.

여기서 우리 시대의 통신 매체 몇 가지를 살펴보면 도움이 될 것이다. 위성 연결과 실시간 전송은 이제 뉴스 방송의 흔하디 흔한 특징이 되었다. 지구촌 어딘가에서 현재 순간 벌어지는 일이 생방송 뉴스로 보도되면서, 우리는 그것이 거의 즉시 우리에게 전송되는 것을 당연하게 여긴다. 앞서 살펴본 텔레비전 영상 분석에서는 그런 영상을 시청할 때 드는 근접감이 완전 착각이라고 주장했다. 이런 맥락에서 보면, 매일매일 텔레비전 영상을 끼고 살수록 그것이 세계의 '실재'에 접근하는 수단으로 당연시되고, 그 영상이 즉각적이고 체화한 지각과 다름은 잊히거나 가려져 보이지 않게 된다. 생방송 뉴스 화면을 보는 시청자는 현장이 가까이 있거나 현전하는 듯한 강한 인상을 받는다. 즉, 현장에 있는 기자의 모습을 통해 마치 우리가 사건 현장에 가까이 있는 것 같은 느낌을 받는다. 그런데 이 현장감, 근접감 및 현전감은 필연적으로 정보 수집 및 처리에 깃든, 현대 저널리즘을 지배하는 모든 복잡한 물질적·문화적·상업적 과정을 가려 보이지 않게 한다.

우리가 하루가 멀다 하고 실기간 뉴스나 최신 정보를 얻고자 위성 및 텔레비전 매체에 접근하는 것은, 일이 '일어나자마자' 또는 사건이 '펼쳐지자마자' 그것을 감각하기 위해서다. 필시 우리는 이 영역에서 매체 편향에 그리고 편파적인 보도 방식이라는 관념에 거의 민감하게 반응할 것이다. 서로 다른 시청자층을 대표하는 위성 뉴스 미디어의 확산이 그 분명한 증거이다. CNN과 폭스 뉴스는 전 세계를 상대로 거리낌 없이 미국의 관점이나 세계관을 보도한다. 카타르 민영 위성 텔레비전 방송사인 알자지라는 두드러지게 아랍과 중동의 시청자를 향하고 있으며, 최근에는 남아메리카와 프랑스의 위성 뉴스 채널이 개통해 남아메리카와 프랑스의 관점을 제공하면서 CNN과 폭스 뉴스의 지배에 맞서고 있다. 이것이 드러내는 시사점은, 보도 방식이 한쪽으로 치우치거나 기울었다는 걸 알면서도 우리는 뉴스 보도가 있는 그대로의 세계 혹은 마땅히 그래야 한다고 생각하는 세계에 대한 우리의 통상적 지각에 들어맞는 세계관을 제공하리라고 기대한다는 것이다.

  텔레비전이나 위성 뉴스는 그것이 우리 거실에 들어오는 순간, 밖을 바라보는 다른 방식, 비릴리오가 곧잘 표현하듯 세계를 보는 다른 창이 되며, 그 투명이 우리의 시계視界를 한쪽으로 기울어지게 할 수도 있으나 그럼에도 그 창은 보기의 한 가능성을 제공하는 창이다. 비릴리오는 텔레비전 영상들이 현장감과 현전감을 제공하는 것은, 그것이 우리가 세계에 몸을 정위定位하면서 경험하는 통상의 현전에 기생하기 때문이라고 주장한다. 텔레비전은 "지금 당장의 또렷한 지각에 기생한다"(Virilio 2000d : 4)는 것이 그가 말하려는 바이다. 그는 이어서 생방송과 위성 전송으로 우리에게 제공되는 텔레비전 영상의 기생적 속성이 세계 내 경험 공유의 확대를 바라보는 우리의 사유 방식에 지배적인 역할을 맡게 된다고 단언한다. 비릴리오는 "전자기파의 통과가 유리한 위치를 점하고 대상과 장소의 실제 현전이란 실재성을 대체하는 '실시간'으로 현전하는 원격실재telereality"

(Virilio 2000d : 6-7)를 기술한다.

'실시간' 관념은 비릴리오의 가상화 및 원격현전telepresence 설명에서 중차대한 역할을 맡게 된다. 스콧 맥콰이어Scott McQuire는 《근대성의 시각Vision of Modernity》에서 생방송 뉴스 화면의 영상을 좌우하는 특정한 시간성의 예시로 1991년 넬슨 만델라의 출옥 보도를 인용한다. 맥콰이어는 비릴리오의 말을 그대로 따라 하며 생방송 보도와, 나아가 텔레비전에는 다른 무엇보다 전송 순간에 가치를 두는 자체의 시간 리듬이 있다고 말한다. 그는 이 리듬 경험이 우리의 시청 기대의 두 번째 속성이 되었다고 시사한다.(McQuire 1998 : 255-6)

만델라가 석방되었을 때 모든 주요 뉴스 네트워크는 자유인 만델라의 등장을 생방송으로 '일어나는 대로' 보여 주려고 보도를 실행했다. 그러나 석방이 연기되어 카메라를 '부동不動 시간dead time' 상태로 돌아가게 두었다. 방송국 직원들은 아무 일도 일어나지 않는데도 계속 남아서 기다렸고, 그 공백의 순간을 메우려 안간힘을 쓰다가 마침내 많은 이들이 일정 압박으로 포기하고 자리를 떴다. 이 예시가 보여 주는 바는, 생방송 장면의 '실시간'이, 비릴리오가 다른 곳에서 말하는 '빛시간'이나 '노출 시간'처럼, 찰나의 강도 또는 현전에 대단히 집중되어 체험한 시간성의 풍부함과 더불어 그 과거 감각의 보유 그리고 목적이 있으나 불확실한 미래 가능성의 예기를 제거하는 시간성이 되는 방식이다. 실시간이란 시간성에는 대개, 사건이 뉴스 보도 사업 전체를 밑받침하는 상업 구조에 따라 일괄 제작되어 시청자들에게 팔릴 수 있도록 미리 계산되리라는 예상이 담겨 있다. 1991년 만델라의 경우처럼 사건이 계산한 대로 펼쳐지지 않으면 전체 전송시간을 허비하게 된다.

이 텔레비전 및 뉴스 생방송의 예시가 시사하는 바는, 우리가 더 넓은 세계의 존재를 바라보거나 그와 관련을 맺거나 그것을 이해하는 방식을 파동광학 및 그 시각기계가 변경한 방식이다. 비릴리오는 아마도, 텔레비전의 원격현전 영상이 즉각적인 현전에 기생하기 때문에 특정하지만 결정적인 방식으로 세계와 체험과 체화로 맞물린 관계를 눈에 띄지 않게 대체하게 되었다고 주장할 것이다. '실시간'이란 시간성이 우리가 세계 사건을 경험하는 지배적인 양식이 되면서, 그 사건들이 거실에서 시청되거나 가상으로 현전하게끔 되었기 때문이다. 비릴리오는 심지어 '실시간'과 가상 현전이, 온갖 시각기계로 가득 차 있는 선진 사회에서 지배적인 경험 양식이 되었다고 말한다. 《시각기계》에서 비릴리오는 "표상된 것을 지배하는 실시간 영상"에 대해 말한다. "이 시간은 이후로 실제 공간을 압도하며, 가상성은 실제성을 지배하여 바로 실재 관념 자체를 뒤집는다."(Virilio 1994b : 63)

여기서 비릴리오가 제기한 문제는, 우리가 매체를 통한 세계의 표상에 익숙해진 나머지 원격현전의 표상이 체화한 실재 체험보다 더 중요해지는 지점까지 암암리에 도달하지 않았는가 하는 것이다.

이처럼 테크놀로지 혁신 속도가 너무 빨라서 우리가 그 영향을 충분히 이해할 개념을 아직 개발하지 못했음을 받아들인다면, 비릴리오의 시각기계 설명은 우리가 처한 선진 산업 내지 탈산업사회의 생활과 관련된 영역 전체에 걸친 문제에 비판적으로 접근하는 방편이 된다. 예를 들어 21세기 벽두에 자유민주주의 국가들에서는 '스핀정치politics of spin'(매체를 활용한 이미지 정치―옮긴이) 이야기와, 매체 및 뉴스 매체의 등장이 가져온 정치인의 출연 필요성으로 말미암아 민주정체 과정이 훼손되었다는 우려가 많았다. 특히 공공 정치, 곧 각국 정부가 처한 현실은 갈수록 커지는 현시顯示(매체에 나타내 보임―옮긴이)에 대한 우려가 두드러지는 듯하다. 그리하여 비릴리오가 시사하듯 원격이미지tele-image의 힘이 정말로 실제를 압도하게 되었는지, 아니면 정치 및 정부 운용을 드러내 보이는 매체 영상과 실제로 진행되는 일 사이에 단순히 괴리가 있는 정도인지 의문이 제기되기에 이르렀다.

2003년 미국의 이라크 침공과 뒤이어 일어난 점령은 좋은 예가 될 수 있다. 당시 미국과 영국 군대는 계속해서 이라크를 점령해 나갔고, 그곳에서 벌어지는 '참모습'을 두고 격렬한 논쟁이 벌어졌다. 이 점령 과정을 계속 지켜본 많은 사람들은 방송 매체를 통해 각기 다르게 중계되는 내용과 현장의 현실이 공식적으로 발표된 현실과는 완전히 딴판일 수 있다는 생각 사이에 괴리감을 느꼈다.

2006년 이라크가 더 심각한 종파 분쟁에 빠져들면서 영국과 미국 정부의 낙관적인 평가에 심각한 결함이 있었음이 드러났다. 하지만 이라크의 '참모습'이 서방 정부들이 인정한 것보다 훨씬 더 나쁘다는 게 드러났을 때조차도, 매체의 현실 현시는 여전히 여러 부류의 이해관계에 따라 정치적으로 다루거나 논쟁의 대상이 되었다. 이에 대해 언론인들은 정부의 정보 조작과 선동에 맞서 진실을 찾아내 보이는 것이 자신들의 일이라고 역설할 것이다. 사실 이 문제를 정치 문제화하고 매체가 각기 다르게 현실을 표상하는 것은, 우리가 집단적으로 매체의 표상이 맨 먼저 우리에게 '참모습'을 알릴 것이라고 얼마나 믿는지를 보여 준다.

우리는 우리가 제공받는 뉴스와 정보의 출처와 상관없이, 그 뉴스와 정보가 갖는 실제 위상에 대해 상반된 감정을 느낀다. 마치 비릴리오가 제시하는 서로 다른 지각 양식, 곧 원격현전하는 영상을 바라보는 것과 실제 체험하는 보기가 충돌하는 듯 보인다. 우리는 영상 바라보기를 신뢰하여 원격현전하는 영상에서 어느 정도 현실을 이해한다고 가정하거나(비릴리오는 우리가 생각 없이 늘 그렇게 한다고 시사한다.), 실제 체험하는 보기를 신뢰해 이라크에서 '실제로 일어나고' 있는 일에 대해 별로 아는 게 없을 수 있다고 인정할 수 있다. 이 예시는 비릴리오의 시각기계 및 가상 현전 설명이, 우리가 우리 시대 정치 생활의 속성에 접근하거나 그것을 이해하는 방식에 중요한 영향을 미친다는 것을 시사한다. 이에 대해서는 전쟁 및 정치에 대한 비릴리오의 설명을 다루는 다음 장에서 자세히 고찰할 것이다.

원격현전하는 현실 및 실시간의 우세는 문화생활의 근본 양상에도 영향을 끼친다고 볼 수 있다. 우리가 의식적으로든 무의식적으로든 통상적인 체험을 다룬 영상에 직접 그것을 경험하는 것보다 얼마나 더 큰 가치를 부여하게 될지에 의문이 인다. 텔레비전이 개인이든 공동체든 집단적 자기 표상 양식으로 자리 잡은 방식은 이 문제를 날카롭게 제기한다. 텔레비전이 보여 주는 현실이나 우리가 동일시할 수 있는 '보통' 사람을 참여시키는 재능 경연대회를 시청할 때, 우리는 대규모의 자기 동일시 형태로 그것에 참가한다 하겠다. 비록 정도의 차이는 있지만, 우리는 동일시할 수 있는 개인의 동일함을 증명할 수 있는 특정 유형을 마음에 들어 하거나 마뜩치 않아 한다. 우리는 각자의 동일시 양식에 따라 어떤 참가자는 응원 또는 지지하지만 다른 참가자에겐 그렇게 하지 않는다. 우리는 알면서도 말 그대로 수백만을 끌어들이는 동시다발 행사에 참가한다. 이것이 '보통 생활'의 볼거리화라면, 일반화된 특정 원격 볼거리나 원격 영상이 실제 체험보다 우세한 역할을 한다는 비릴리오의 주장은 아주 긴급하고 절박한 우려로 볼 수 있다.

이 맥락에서 개개인이 제어하는 영화나 녹음 기술의 확산이 중요한 예시를 제공할 수 있다. 예를 들어, 관광객이 영국 국회의사당 같은 관광지를 비디오 화면으로 찍을 때 또는 폭탄 테러 직후 그 피해자가 이동전화로 그 상황을 촬영할 때 무엇이 문제가 되는가? 어떤 면에서 이 두 질문에 대한 답은 아주 간단할 수 있다. 우리는 휴가를 기억하는 방편으로 비디오 영상 자료를 남기길 좋아하고, 폭탄 테러 피해자라면 테러 현장에서 촬영한 몇 초짜리 영상이 갖는 상업적 가치를 금세 알아차리리란 것이다. 이 두 답변이 분명 타당하긴 하다. 그러나 두 경우 모두 그런 영상을 촬영하는 중요성은, 해당 사건을 실시간으로 비디오/이동전화 영상 화면에 녹화해 두는 것이 다른 이들이 다른 날 그 사건을 '실시간'으로 볼 때 그 지각 사건이나 행위를 더 생생히 체험하거나 혹은 구체적으로 경험하는 것이라는 의식의 공유와 연결되어 있다 하겠다.

두 경우에 중요한 것은 시각기계가 매개하거나 그것으로 녹화하는 시각에 두는 가치인데, 시각기계의 최초 제작이나 최종 산물이 산업 과정과 상업적 이익 양쪽 다 또는 어느 한쪽에 삽입되기 때문이다. 《시각기계》에서 비릴리오는 "시각의 신新 산업화, 합성 지각의 진정한 시장 제자리 찾기"에 대해 언급한다.(Virilio 1994b : 59)

생방송 뉴스 화면과 정치의 매체 현시, 개인 경험의 리얼리티reality TV(전문 배우와 작가 없이 보통 사람이 출연하여 특수한 상황에 들어가 그들의 내면을 적나라하게 보여 주는 방식의 프로그램—옮긴이) 및 디지털 녹화 등 여기서 인용한 여러 예시는 물론 수많은 방식으로 해석될 수 있다. 필시 사회과학이나 정치과학 담론이 이 현상의 여러 가지 양상을 밝혀낼 수 있을 것이다. 이 모든 예시가 실증하는 바는, 비록 임시적이고 일시적이긴 하나 지각의 원천적 구조를 테크놀로지가 매개하기 때문에 비릴리오의 가상 현전 사유가 그 구조를 다루는 강력한 비판적·사변적 방편이 될 수 있다는 것이다. 그렇게 우리는 우리 시대 현실의 모든 양상을 새롭고 생산적으로 이해할 수 있다.

본 장은 속도기계가 현대 세계에 미치는 영향을, 비릴리오의 언급 중에서도 종말론적이거나 과도하게 비관적인 어조를 부각시키며 시작했다. 이 논의에서 강조하고자 한 바는, 비릴리오 저술 전체에서 제시된 속도기계, 시각기계 및 가상 현전 설명이 다른 종류의 분석을 가능하게 하는 그 방식 때문에 흥미롭다는 점이다. 비릴리오의 저술이 이따금 종말론적이거나 지나치게 비관적으로 보일 수 있는 것은, 그의 분석이 상황 속 신체the situated body란 관념 및 체화한 체험의 물질적 공간성이란 관념과 밀착된 현상학적 사유의 갈래에 깊은 뿌리를 두고 있기 때문이다. 비릴리오의 텍스트 독자라면 모름지기 그의 비관적인 판단이 우리 시대의 속도 테크놀로지에 우리가 집단적으로 연루된 현실을 얼마만큼 반영하는지를 판단해야 한다. 비릴리오는 이 현상학적 접근으로 현대의 테크놀로지를 싸잡아 부정하는 말을 하기에 이르지만, 동시에 지각의 근본 구조와 경험 그리고 시공간 정위定位를 중심에 두는 사유를 가능하게 한다. 이렇게 현상학적으로 접근하기에, 그렇지 않았다면 불가능했을 방식으로 질문을 던질 수 있는 것이다.

비릴리오의 텍스트는 우리에게 이론적으로 엄밀하고 근거 있게, 시간과 공간 및 현전에 대한 우리의 지각이 바뀌고 있는 방식에 대해 묻도록 하는 담론이다. 그의 저술 덕분에 우리는 이 지각의 변모가 개인에서 일반 대중으로, 군대에서 정치로, 도시 및 건축 영역에서 문화생활 전반으로, 우리 삶의 모든 영역에 영향을 끼치는 방식을 다룰 수 있게 된다. 예를 들어, 우리가 현재를 알게 모르게 다르게 경험하게 된다면 어떻게 될까? 그것이 우리가 과거를 간직하고, 공유한 역사를 기억하는 방식에 어떤 영향을 미칠까? 우리가 똑똑히 식별할 수 없는 현재의 습성이 미래에 우리의 경험을 지배하게 될까? 무엇보다 지금 우리가 전송 시간과 가상 이미지에 쏟는 관심이 세계의 실제 공간 및 지리적 확장과 우리의 관계를 서서히 약화 내지 손상시키고 있는 것은 아닌가?(그것도 물리적 지구환경이 전에 없는 위기를 맞고 있는 이때)

비릴리오의 텍스트는 종말이라는 파멸로 이끄는 예측이라기보다는 비판적인 '만약의 문제'로 읽는 편이 가장 타당하다. 《시각기계》의 말미에서 그는 다음과 같이 쓴다. "실제 시간이 실제 공간을 압도하기에 이르렀다면, 이미지가 대상을, 아니 실로 현전 자체를 압도하기에 이르렀다면, 가상이 실제를 압도하기에 이르렀다면, 이 '집중 시간intensive time'이 다른 여러 물리적 표상에 끼친 결과를 분석해야 한다."(Virilio 1994b : 73)

비릴리오가 경험의 가상화를 다루고자 개발한 핵심 용어들, 즉 소멸의 미학, 원격현전telepresense, 시각 및 속도기계vision and speed machines, 실시간real time, 빛시간light-time 또는 노출의 집중 시간 intensive time of exposure 등은 특정한 현상학의 관점에서 개발한 분석적 비판의 방편으로 보아야 한다. 테크놀로지의 진보 속도가 이따금 우리를 당황시키거나 갈피를 못 잡게 하는 듯하다면, 비릴리오의 이 방편은 현재 및 미래 테크놀로지의 발달을 어떻게라도 이해해 보려고 할 때 없어서는 안 되는 것으로 판명 날지도 모른다. 이제부터 전쟁과 정치, 현대 및 우리 시대 예술과 영화의 발전 등 세 분야에서 지각과 속도 및 가상화에 대한 비릴리오의 사유를 더 고찰해 보자.

속도가 공간을 압도한다면

비릴리오는 현대 매체에서 일어나는 경험의 가상화를 설명할 때 곧잘 종말론 내지 파국론적인 말로 표현한다. 그는 속도 테크놀로지가 공간적 존재의 체험 약화 및 우리의 집단적 세계 표상의 위기를 재촉한다고 주장한다. 가상 현전에 관한 비릴리오의 저술은 비록 비관적이지만, 그 덕분에 우리는 영화와 텔레비전 및 기타 매체 영상이나 통신 형태의 속성을 비판적으로 다룰 수 있게 된다.

또한 비릴리오는 지각의 현상학에 초점을 맞추어 영화 및 텔레비전 영상이 '원격현전하는', 말하자면 멀리서 또는 부재 속에 현전하는 방식을 두드러지게 만든다. 비릴리오의 설명에 따르면, 원격현전은 전송 순간에 더 가치를 부여하게 만들어 물질적 내지 공간적 확장의 경험을 희생시킨다. 원격현전의 '실시간'은 감각적 형태의 존재가 바뀌는 시간이다. 말하자면 가상이 실제보다 우위를 차지하게 되고, 계산된 순간의 노출이 체화한 시간성 또는 지속성의 풍부함과 다양함보다 우위를 차지한다.

비릴리오가 시사하는 바는, 현대의 시각기계가 전혀 새로운 보기 방식, 즉 전파나 전자 파동의 전송으로 매개하는 시각을 발명했고, 이 '파동광학wave optics'이 우리가 우리 자신과 세계를 의식하는 방식을 변모시킬 잠재성을 지녔다는 것이다. 시각기계 및 파동광학의 세계는 문화 및 정치 생활의 다양한 양상이 근본적으로 변경될 수 있는 세계이다.

| 제 4 장 |

전쟁
벙커와 순수전쟁, 제4전선

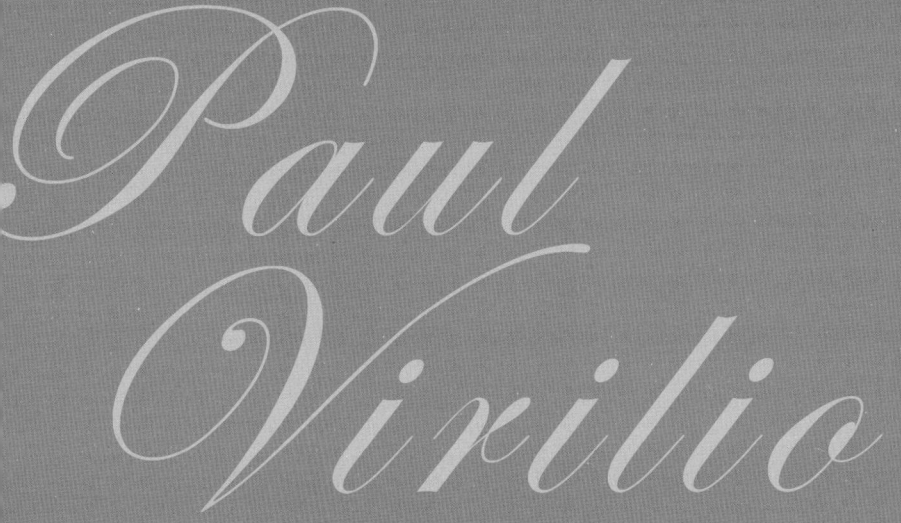

| 대서양 연안에 남겨진 나치의 벙커 |

1983년에 처음으로 출간된 실베레 로트링거Sylvère Lotringer와의 인터뷰에서, 비릴리오는 전쟁에 대한 관심과 도시 및 도시계획에 갖는 관심을 떼어 놓을 수 없다고 내비친다. 그러면서 이는 자신의 개인사, 다시 말해 제2차 세계대전의 경험, 구체적으로 그가 열 살 때 목격한 낭트 시 공중폭격과 파괴 경험에서 비롯된 관심이기도 하다고 강조한다.(Virilio and Lotringer 1997 : 10)

이 맥락에서 비릴리오는 '2대 도시계획 학설'을 규명한다. 첫 번째 학설은 도시 및 도시 정주의 기원을 중상주의重商主義(곧 거래, 상업 및 그에 따르는 사회 구성체)에 둔다. 두 번째 학설은 도시의 기원을 전쟁에 둔다. 비릴리오는 두 번째 학설을 당당히 공개 지지하면서도, 이 학설이 일부 저명인사만이 공감하는, 도시계획의 기원을 중상주의에서 찾는 다수파에 가려져 보이지 않는 소수 견해임을 거리낌 없이 인정한다.(Virilio and Lotringer 1997 : 11)

이는 비릴리오가 활동하는 동안 줄곧 취하는 입장으로, 전쟁과 테크놀로지에 대해 또는 전쟁과 정치의 관계에 대해 그가 제시하는 거의 모든 의견을 밑받침한다. 그가 제1차 걸프전에 관해 쓴 《사막의 스크린Desert Screen》에서 말하다시피, "도시와 전쟁이 바늘과 실처럼 긴밀한 관계라 말하는 것은 완곡한 표현이다. 도시, 곧 폴리스는 **전쟁**이라는 갈등 형태의 구성 요소이며, 이와 꼭 마찬가지로 전쟁 자체는 **도시**라 이르는 정치 형태의 구성 요소이다."(Virilio 2005e : 4)

비릴리오는 도시의 기원을 전쟁에 두며 전쟁과 정치 역시 뗄 수 없는 관계임을 천명한다. 정치politics는 특정 자주 독립체(예컨대, 국가)의 내외 정세를 다스리는 기술로 정의하는데, 고대 그리스의 도시국가(예컨대, 아테네나 스파르타)인 'polis'에서 파생한 말이다. 고대 그리스 국가는 도시 구성체이자, 주변 지방이나 배후지를 통제했을 가능성이 큰 별개의 정치 독립체였다. 비릴리오가 전쟁을 도시의 기원으로 강조하고, 따라서 정치 생활의 형성 내지 구성의 근본 요인으로 강조하다 보니 경제는 어쩔 수 없이 부차적인 위치에 놓인다.

이는 현대의 많은 통설을 거스르는 견해이다. 일반적으로는 애덤 스미스Adam Smith 같은 사상가를 좇아서 경제를 인간 활동의 1차 영역 내지 근간 영역으로 바라보기 때문이다. 스미스 같은 사상가는 상품을 물물교환하고 거래하며 교역하는 성향이 본질적으로 인간을 동물과 구별하는 (따라서 인간이란 본질적으로 경제적 인간homo oeconomicus) 만인 공통의 특징이라 믿는다.(Smith 1993

: 21) 비릴리오는 초창기 저작부터 이런 입장을 노골적으로 거부한다. 예컨대 《속도와 정치》에서 그는 현대의 자유주의(그는 '부르주아bourgeois'라 일컫는다.) 정치 구조에 대해 다음과 같이 쓴다. "부르주아의 권력은 경제보다는 군대와 훨씬 더 깊이 관련돼 있지만, 공위 상태의 불가사의한 영속 및 요새화한 도시의 출현과 가장 직접적인 관련이 있다."(Virilio 1986 : 11) 비릴리오의 말에 따르면, 정치 및 정치 형태는 그 뿌리를 전쟁의 힘으로 형성되는 도시 공간에 둔다.

이런 맥락에서 우리가 알고 있는 경제 상태, 말하자면 평화기에 물품과 부, 상품의 흐름을 좌우하는 일상의 경제활동은 전쟁경제에서, 또 전시에 충돌을 좌우하는 물자 및 병참의 필요에서 그 틀을 가져오는 2차 현상이다. 비릴리오에게 전쟁은 무엇보다 병참 문제, 말하자면 무기와 물자 그리고 인력의 조달, 유지 및 보급에 관한 문제이며, 동시에 무력 충돌의 총체적 관리 및 전략에 관한 문제이다. 그는 전쟁 공간과 그 공간을 통한 군대·무기·물자·정보의 이동에, 그 다음 군사 공간이 사회 공간과 정치 공간을 형성하게 되는 방식에 주로 관심을 갖는다. 앞에서 언급한 실베레 로트링거와 인터뷰를 보면, 그가 군사 공간 개념에 부여한 구심점 역할이 뚜렷이 드러난다.(Virilio and Lotringer 1997 : 10)

비릴리오는 경제와 관련해 군사 병참이 제일 중요함을 분명히 천명한다. "병참은 전쟁경제의 시작이며, 이 전쟁경제가 그 다음엔 단순 경제가 되어 정치경제를 대신한다고 할 정도이다."

(Virilio and Lotringer 1997 : 12) 이 관점에서 보면 군사 공간 및 군사 병참 조직은 정치 공간뿐만 아니라 경제생활을 구성하는 데에도 핵심적인 요인이 된다. 군사 영역을 앞세우다 보니 《인민 방어와 생태 투쟁Popular Defence and Ecological Struggles》에서 그답게 포괄적인 주장을 내놓기에 이른다. "내전이나 해외 전쟁의 전장에서 개발된 것은 지력과 신체 훈련 혹은 개별적 행동 양상의 제거만이 아닌, 전체 산업 세계의 윤리다."(Virilio 1990 : 29) 이 설명에 따르면, 전쟁은 정치 및 경제활동(예컨대 요새화한 도시 및 그에 따른 정치 구성체의 등장)을 결정지을 뿐만 아니라, 사회가 공유한 세계관의 속성, 곧 그 사회의 가치 및 이상에도 심오한 영향을 끼친다. 그렇다면 비릴리오에게 "……전쟁은 우리 문명의 근본 개념이다".(Virilio 1990 : 22) 좀 더 엄밀하게는, "현대 강대국의 입헌적 토대를 이룬다".(Virilio 1990 : 46)

이 주장은 따로 떼어내어 보면, 냉정한 분석적 평가라기보다는 역사 전반을 포괄하는 일반화의 특성을 띨 수밖에 없다. 하지만 비릴리오의 저술이 늘 그렇듯 이 같은 일반적인 주장은 그가 제시하는 논변의 광범위한 세부 사항들과 관련지어야만 제대로 이해된다. 이제부터는 전쟁에 관한 비릴리오의 일부 논변을 세부적으로 평가하고, 특히 제1차 세계대전부터 제1차 걸프전까지 아우르는 그의 무기 및 통신 발달 분석을 고찰하겠다. 또, 그의 사유가 유명한 전쟁 이론가인 클라우제비츠의 사유와 갈리는 방식을 집중 조명하려고 한다.

클라우제비츠는 "전쟁은 다른 수단을 쓰는 정치의 연속"이란 유명한 말을 했는데, 이를 비릴리오는 직간접으로 여러 곳(예를 들어, Virilio and Lotringer 1997 : 31, Virilio 2000c : 49, Armitage 2001 : 95, 그리고 Clausewitz 1968 : 119, 402도 참조)에서 거론한다. 클라우제비츠는 분명히 정치를 전쟁과 분리시키며, (전쟁이 정치 활동의 연속이기에) 정치를 전쟁과 관련해 으뜸가는 위치에 두는 반면(Clausewitz 1968 : 119, 402), 비릴리오는 이 관계를 뒤집는 듯 보인다. 여기서 정치는 다른 수단을 쓰는 전쟁의 연속이라고 말할 수도 있을 것이다. 그러나 비릴리오는 전쟁이 정치 공간의 형성에 아주 근본적인 역할을 하므로, 이제는 전쟁과 정치가 어느 한쪽이 다른 쪽의 연속이라고 말할 수 있을 만큼 그렇게 뚜렷이 구별되는 어떤 정체성도 유지하지 못하는 것으로 본다고 하는 것이 더 정확할 것이다.

전쟁과 정치가 잘 구별되지 않는 현상은 20세기의 충돌에 대한 비릴리오의 설명에서 특히 중요한 의미를 띤다. 앞으로 분명해지겠지만, 냉전과 핵 억지력 논리의 맥락에서는 전쟁과 평화의 구별 자체도 의문시된다. 정치 및 사회 영역의 구축에서 군사 공간의 원천적 역할은, 1975년 처음 출간된 비릴리오의 프랑스어 저서인 《벙커의 고고학Bunker Archeology》의 두드러진 관심사다. 이 첫 저작은 1940년대 초반 나치 독일이 세운 대서양 연안의 콘크리트 방책을 주제로 택한다. 이 책 자체는 수많은 짧은 명상과 방책 자체의 놀라우리만치 아름다운 사진들로 이루어졌다. 비릴리오가 나치의 요새 잔존물에 매료된 것이 처음에는 좀 특이해 보일 수 있다. 그러나 《벙커의 고고학》의 논변이 시사하는 바는, 바로 그런 요새의 존재에서 전쟁과 정치, 그리고 도시 및 지정학 공간의 형성 간에 존재하는 복잡하고도 가려져 있는 상호 관계를 파악할 수 있다는 것이다.

| 벙커의 고고학 |

비릴리오가 《벙커의 고고학》에서 콘크리트 요새에 부여한 핵심 의의를 이해하려면, 전투 전반에 대한 그의 설명을 밑받침하는 더 큰 틀의 사변적인 역사를 이해할 필요가 있다. 이 역사의 개요는 《벙커의 고고학》 출간 3년 뒤인 1978년에 첫 출판된 《인민 방어와 생태 투쟁》 서두에 나와 있다. 여기에서 비릴리오는 폭력 충돌은 그 기원상 어떠한 사전 전략이나 시나리오 및 전쟁구역의 설계 없이, 거의 자연스레 행한 모험 행위였다고 시사한다.

> 폭력 행위는 실제로 아직도 명확히 정의되지 않은 전체 사회적 교환 중 일부를 이루었다. …… [사람들은] 아무런 장애물이나 인공 요새를 사용하지 않았으며 환경을 이용하는 법을 완벽히 터득했다. 이는 위장하거나 이리저리 이동하거나 숨기 위해서였지, 스스로를 *방어하려는 목적은 아니었다.*(Virilio 1990 : 13-14)

이 설명에 따르면, 전투의 발달과 역사는 충돌 공간을 조직하는 방식의 차이가 큰 관건이라고 볼 수 있다. 특히 충돌이 주변 환경의 통과에다 특정한 공격 및 방어 수단까지 포함하는 방식의 차이가 문제가 된다. 여기서 시사하는 바는 수렵 채집민으로 살았을 인류의 초기 인구가 다른 부류들 간에 주변의 천연자원을 놓고 경쟁하면서 거의 뜻하지 않게 충돌을 빚기 시작했으리라는 것이다.

전쟁은 사실 충돌 공간 및 과정을 한층 지속적으로 통제하려는 야심이 있어야만 일어난다. 이 맥락에서 비릴리오는 전쟁의 특징인 군사전략기획이 거의 무형식에다 자연발생적인 초기 충돌의 속성에 반동하여 나타났을 개연성이 있다는 가설을 세운다.(Virilio 1990 : 14) 요새와 성벽 및 기타 방어 구조물은, 환경 공간을 만일의 군사교전에 대비한 현장으로 미리 구상할 때와 이 공간이 제공하는 군사적 가능성을 앞서 궁리해 냈을 때에만 건설할 필요가 생긴다. 비릴리오는 이를 다음과 같이 말한다.

> 고대 그리스로마인들이 처음에 성벽과 요새의 건설자로 보인 것은 전쟁을 벌이고[conduire]자 하는 야심이 전장戰場 계획사업, 말하자면 인공적 환경 조건의 조성으로 시작됐기 때문이다. 그 환경 조건은 기반시설, 즉 상대를 제압하려고 작정한 적의 사전 준비에 맞추어 전쟁 시나리오가 펼쳐질 현장을 이룰 것이다.(Virilio 1990 : 14-15)

전쟁을 무엇보다 주변 공간의 인공적 건설과 그 전략적 이용의 문제로 구상한다면, 사회 및 정치 공간의 형성에 군사 계획이 담당하는 근본 역할이 분명해진다. 전략적 방어지역에 사람들을 집중 거주시키거나 그 거주지를 요새로 둘러쌀 필요성은 특정한 군사 충돌을 투영하고 기획하는 상황에서만 생긴다. 이런 군사적 공간 투영은 공격 이동의 가능성과 지형(예컨대, 언덕 꼭대기 촌락)이나 요새(예컨대, 주변을 에워싼 성벽)를 이용해 적의 이동을 차단하고 정착 공간으로의 침투를 막는 방식을 중심으로 준비된다. 교전이나 도주라는 거의 자연발생적인 작전 행동이 폐기되고 나면, (정착 농업 인구의 증가와 더불어) 군 전략가의 목표는 "적보다 유리한 입지를 익숙한 터전에 보유하려는 것이니, 이 기도에서 비롯되어 아군이 보호하는 집단 거주지, 주변을 에워싸는 성벽, 언덕 꼭대기를 두르는 울짱이 건설되며, 이것들의 용도는 모두 적의 공격 속도를 둔화시키기 위함이다."(Virilio 1990 : 15)

공격자 쪽에서 보면 이 언덕 꼭대기 정착촌과 요새의 방어 능력을 극복할 공격 내지 침투 기술을 개발할 필요가 있다. 그렇다면 주변 환경을, 또 그와 연관된 여러 가지 공격 및 방어 가능성을 아주 구체적이고 전략적으로 사유하는 맥락 내에서만 흔히 말하는 전쟁이 일어날 수 있다.

그저 빤한 말처럼 들릴 수도 있다. 그러나 비릴리오의 분석을 다룰 때 늘 그렇듯이, 그가 공간 정위定位와 운동, 그리고 특정한 공간 조직 형태가 허용하는 상대운동 속도에 두는 중요성에 집중해야 한다. 이 맥락에서 비릴리오는 고대 중국의 전쟁 이론가 손자孫子의 '속도가 전쟁의 본질'이라는 문구를 곧잘 인용한다.(예컨대 Virilio 1986 : 133 ; Amitage 2001 : 75 ; Virilio 2005a : 102, 그리고 Sun Tzu 1963 : 134도 참조) 비릴리오의 설명에 따르면, 전쟁의 본질이 공격과 방어의 상대속도에 있는데, 공격 원리는 가속도 내지 운동 가능성이고 방어 원리는 관성 내지 이동을 차단하려는 시도이기 때문이다. 비릴리오는 이를 다음과 같이 표현한다. "전투 지형에서 공격과 방어가 나뉘어 한 변증법의 두 요소를 이루니 공격은 속도·순환·전진·변화와 비슷한 말이 되고, 방어는 운동의 반대말처럼 된다."(Virilio 1990 : 15-16) 전쟁의 기원 및 본질에 대한 근본적인 통찰은, 비릴리오가 전쟁 일반의 역사적 발달과 관련해 제시하는 설명과 특정 전쟁 사례를 논하며 내놓는 특수한 논변 둘 다를 밑받침한다.

이는 《벙커의 고고학》에서 대서양 연안에 있는 제2차 세계대전 당시 쓰인 벙커의 의의에 대한 고찰에 해당한다. 비릴리오는 이 첫 저서에서 사회 공간 형성에서 군사 기획이 차지하는 근본적 중요성과, 영토 공간 조직 및 이동과 침투의 상대속도가 연결되는 방식을 암시한다.

> 줄곧 팽창하는 영토를 통제하고 장애물에는 되도록 적게 부닥치면서 사방에서 정밀 조사를 할 필요가 있어 …… 무기 발사체의 속도 증대는 물론이고 운송 및 통신수단의 침투 속도 증대도 줄곧 당연시했다.(Virilio 1994a : 17)

따라서 사회의 역사에서 속도의 위계를 발견할 수 있다. 땅을 소유하는 것, 지형을 차지하는 것은 그것을 정밀 조사해 보호하고 방어

할 최선의 수단을 소유하는 것이기도 하므로.(Virilio 1994a : 17)

이와 같은 해설은 초창기 출판한 저작부터 '질주학의' 관점이 비릴리오 관심사의 중심에 놓이는 방식을 실증한다. 이 해설은 이 책 2장에서 논의한 속도공간speed-space, 구체적으로는 상대운동 및 그 운동의 상대속도나 속도 변화를 특질로 하는 공간 관념을 상기시킨다. 이 경우에 속도공간은 신체 정위定位 및 체화한 지각의 문제라기보다는, 군사 기획의 필요와 가능성에 따라 환경 공간을 기획·조직하는 일에 관한 문제이다. 군사 공간과 속도공간이 이렇게 근본적으로 상호 연결되고, 이 두 공간이 정치 공간(즉, 폴리스 혹은 도시 공간)의 구성에 으뜸가는 역할을 하다 보니 전쟁과 평화의 구별이 더 어려워진다. 앞으로 분명해지겠지만 이 경계의 모호함은 비릴리오가 넓게는 전쟁, 좁게는 20세기 충돌을 분석한 내용의 핵심 특질 중 하나이다. 《벙커의 고고학》에서 그는 요새가 담당하는 역할을 한 번 더 부각시킨다.

> 요새는 돌발 사태에 대처하며, 무기와 갑옷의 결투는 그 수단과 방법의 진보로, 그 발명품의 잠재력으로 영토의 조직에 표시를 남긴다. 따라서 전쟁은 평화기에 존재한다. 역사는 민간 생산의 역사와 나란히 가며 전모를 드러낸다. 능력과 활동력은 줄곧 새로워지는 충돌의 관점에서 끊임없이 발달하는데, 이 생산은 비밀스럽고 놀라운데도 무시된다.(Virilio 1994a : 43)

《벙커의 고고학》에서 비릴리오가 콘크리트 벙커의 존재에 대해 제시하는 설명은 정확히 고고학 연구, 말하자면 옛날 유물과 마주치며 숨겨진 과거 양상을 들추어내려는 시도이다. 전쟁이 평화기에도 존재하는 방식, 아니 더 정확히는 전쟁과 평화를 분리하는 경계가 실제로는 언제나 뚫리는 방식을 이해하고자, 비릴리오는 콘크리트 벙커의 핵심 역할을 나치 독일의 군사적·정치적 상상력과 나아가 전투 및 요새의 역사라는 측면에서 집중 조명한다.

이 맥락에서 콘크리트 요새는 특정한 군사적 위협(이 경우에는 제2차 세계대전이 끝날 무렵 연합군의 해상 침공 가능성)을 격퇴하려 설계한 방어 구조물이자, 군사적이기에 정치적인 공간의 구상 방식을 보여 주는 지표로도 작용한다. 사실 비릴리오는 그런 콘크리트 구조물을 제3제국의 내부 논리를 상징하는 기념비로 본다. 이 구조물들은 나치 정권에 고유한 이념을 조직하는 일정한 양식이자 가차 없이 허물어질 특정 논리의 증거이기 때문이다. 비릴리오는 함축적 의미를 담아 "유럽 해안의 벙커는 처음부터 독일의 꿈을 기리는 장례비였다"고 천명한다.(Virilio 1994a : 29)

무엇보다도 이 벙커는 특정한 공간 구상과 게르만계 민족의 생활공간 전유가 나치의 정치 사유 및 군사 기획의 상당한 부분을 차지하고 있음을 증명한다. 벙커나 포곽砲郭(즉, 요새화한 담)은 서유럽에서 일정한 영토 조직이나 영토 확장욕의 자연스런 외부 한계를 표시하고, 그 조직 양식의 특정한 구성 요소를 이룬다. 이 맥락에서 비릴리오는 '유럽 요새Fortress Europe'란 용어를 넌지시 비친다. 이 유럽 요새는 유럽 대륙 공간에 그 영토와 내부 조직이 군사력의 통제에 예속될 동질성을 띤 통일체를 창설하려는 나치 수뇌부의 야욕을 가리킨다. 비릴리오는 유럽 공간을 군사 공간으로, 즉 나치 이념에 담긴 야욕에 따라 구상한 요새로 미리 투영해 보지 않았다면 콘크리트 벙커의 존재란 도저히 생각할 수 없었을 것이라고 주장한다. "유럽 요새는 3차원이었으며, 해변의 포곽은 도시의 방공호를 보완했다. …… 공간이 마침내 동질성을 띠게 되었고, 절대전absolute war(조직화한 세력 간의 폭력 행사가 어느 한쪽이 절멸할 때까지 지속되는 전쟁—옮긴이)이 현실이 되었으며, 그 거대한 비석은 절대전의 기념비였다."(Virilio 1994a : 40)

여기서 콘크리트 벙커는 특정 장소나 지형을 보호할 목적으로 세운 방어 구조물이란 실제 용도를 훨씬 넘어선다. 이 벙커는 거대한 비석으로서 기념비성 내지 상징성을 띤다. 이 벙커는 한 대륙 공간을 지배 혹은 전체주의화하려는 야욕을 나타낸다. 비릴리오는 굉장히 긴 유럽 연안을 군사화하려 한 이 기획의 엄청난 규모를 지적한다. "그 사업의 어마어마함은 상식으로는 믿기지 않는다. 여기서 총력전은 그 신화적 차원을 드러냈다."(Virilio 1994a : 12)

바로 이 신화적 차원이라는 맥락에서 콘크리트 벙커를 '독일의 꿈을 기리는 장례비'로 볼 수 있다. 그 벙커는 요새로서 제3제국의 군사 조직을 증명하므로 그 정치 및 이념 조직에 깊이 얽혀 있다. 하지만 이 벙커는, 비릴리오의 설명에 따르면, 공격과 방어의 변증법 및 공격과 방어에 고유한 (가속도나 관성의) 상대

속도에 따라 발전하는 전투의 긴 역사 내에서도 존재한다. 이 맥락에서 벙커가 지닌 방어적 성격은 분명 관성의 법칙에 놓일 것이다. 말하자면, 벙커는 적의 전진 운동을 차단할 것이다. 그렇기에 벙커의 기능은 좁게는 지형 공간이나 영토적 야심과 밀접히 연관된다. 벙커는 항공기가 달성한 침투 속도와 비교하면 방어력이 별로 없다. 비릴리오는 독일이 세운 전략의 태반이 영토적 야심과 육상 장악에 집중되어 있어 항공이나 해상 전략은 소홀했던 방식에 관해 자세히 논평한다. 독일이 수립한 '유럽 요새' 논리에 따라 영토와 생활공간, 그리고 변방의 군사화에 대한 바로 이 같은 집착이 벙커에 전략적 방어의 중요성과 신화적·상징적 중요성을 부여하면서, 동시에 전투 역사와 군사 및 정치 공간 건설에 전환의 계기라는 의의도 부여한다.

비릴리오에게 제2차 세계대전은 군사 기획 및 이를 밑받침하는 공격과 방어의 변증법 역사에서 결정적인 전환기를 나타낸다. 이때 공중폭격을 체계적으로 도입하고, 민간 인구와 산업 및 도시지역을 표적으로 삼기 때문이다. 더 나아가 (육상과 해상 전선에 뒤이어) 제3전선(공중)의 개척은 군사전략을 급격히 바꾸고, 그 결과 군사 공간의 속성도 바꾸어 놓는다. 군사전략의 목표가 이제는 순전히 영토를 손에 넣어 전쟁에서 이기는 것이 아닌, 공중폭격으로 도시 및 산업 기반 시설을 파괴하여 전쟁을 이기는 것이 되면서 적의 육상 이동을 차단하는 기능을 하는 요새는 그 으뜸가는 가치를 상실하게 된다. 공중폭격의 역사는 제1차 세계대전으로 거슬러 올라간다. 제3제국은 도심 폭격 기술을 최초로 사용하여 맨 먼저 스페인 내전 때 게르니카를 파괴했고, 제2차 세계대전 초 런던대공습the Blitzkrieg을 감행했다. 그리고 수많은 도시를 폭격하고 파괴하는 전략은 곧 연합군이 채택한 군사전략 강령의 중심 혹은 체계가 된다. 이 전략이 콘크리트 벙커의 방어 가치에 미치는 영향을 비릴리오는 다음과 같이 결정적 전환의 계기로 부각시킨다. "유럽 대도시의 파괴는 해안 및 변방 요새의 차폐 효과shielding effect를 깡그리 깨부수었다."(Virilio 1994a : 47)

변방이 군의 전략적 사유를 조직하는 핵심 방어선의 지위를 상실하면, 변방을 정치적 혹은 지정학적인 가치 단위로 보는 관념 자체가 변한다. 군사 공간의 총체적 조직 및 투영 안에서 수백 마일의 연안 요새가 차지하는 중요성이 훨씬 적어지면, 정치 및 지정학 공간의 구조와 조직 자체도 바뀌게 된다. 이는 어쨌든 비릴리오의 주장이며, 그는 쓸모없어진 콘크리트 벙커에서 바로 거대한 지정학적 변모의 지표를 본다. "이 콘크리트 벙커는 사실 국경 역사의 출발이었다"고 그는 단언한다.(Virilio 1994a : 12)

전후 시기에 그 벙커와의 마주침은, 비릴리오가 1950년대에 그랬듯이, 이전의 군사 및 정치조직 형태에 속하는 유물과 마주치는 것이다. 비릴리오는 한 번 더 이 콘크리트 요새의 기념비적 내지 신화적 차원을 강조한다. "그 역사적 콘크리트 건조물은 제국의 계단에서 국가의 영토와 대륙의 문턱에 이르는, 영토 기반 시설의 긴 조직이 끝나는 위치를 나타낸다. 벙커는 신화가 되었다."(Virilio 1994a : 46) 이는 아마도 《벙커의 고고학》 전체의 중심 주제 내지 논변일 것이다. 이 논변은 대서양 연안에 있는 콘크리트 요새의 고고학 유물을 넓은 역사적 시각에서 바라보며, 무엇보다 그것을 현대 세계의 군사정치 지향이 전환하는 계기의 지표로 바라본다.

이를 보고 비릴리오가 콘크리트를 쏟아 부어 만든 한낱 시멘트 더미에 지나친 의미를 부여한다고 말할 수도 있다. 하지만 여기서 중요한 것은, 공중이라는 제3전선을 총력전을 벌이는 수단으로 체계적으로 개척한 데에 있다. 총력전이란 상비군이나 군사 지역을 표적으로 삼을 뿐만 아니라 경제 전체를 끌어들이고, 민간인 전체, 특히 빽빽이 밀집된 도시 인구도 표적으로 삼는 전쟁이다. 이 총력전의 논리는 제2차 세계대전 당시 양쪽 연합국 진영이 바라본 전망에 깃들어 있다고 볼 수 있다. 이 논리는 게르만 민족이 마음대로 이용할 수 있는, 동질성을 보이고 군국주의가 고취된 생활공간인 유럽 요새에 대한 나치의 야욕 속에서 작용하고, 충돌이 한창일 때(예를 들어, 1943년 2월의 연설과 라디오방송에서 괴벨스가 주장한 총력전 수행 요구에서) 나치 정권이 사용한 총력전Totalkrieg이란 수사에서도 분명하게 드러난다.

비릴리오가 극명하게 드는 의미에서, 제2차 세계대전은 총력전이다. 이때 도시의 공중폭격으로 민간인과 도시를 둘러싼 공간 전체가 표적이 될 가능성이 잠재하고, 군사 공격의 위험에서 안전해 보이는 곳은 어디에도 없기 때문이다. 공습이라는 제3전선의 체계적 이용에 내포된 이 총력화 논리는 비릴리오의 분석에서 매우 중요하다. 비릴리오가 대서양 해안의 벙커에 부여하는 의미, 또 공중폭격 도래 후 벙커가 무용지물이 됐음을 암시하며 이어 등장하는 새로운 전쟁 시대에 부여하는 의미 둘 다를 이 논리가 밑받침하기 때문이다. 이 요새들이 쓸모없어진 상황은 바로 최강 무기인 핵폭탄의 등장을 예고한다. 이 콘크리트 방책은 방어력 및 곧 닥칠 방어력 쇠퇴보다는 역사의 전환점 내지 첨단을 상징한다. 이 방책은 국가와 제국의 영토 전쟁에서 총체적 파괴의 위협이 최고의 전투 수행 수단이 되는 새로운 전쟁으로 전환하는 계기를 나타낸다. 비릴리오의 표현을 빌리면, "벙커는 단 하나의 무기가 위력이 엄청나 아무리 먼 거리도 그 무기로부터 사람을 지켜 내지 못하는 시대의 원시 역사이다".(Virilio 1994a : 46)

총력적 평화-순수전쟁

비릴리오가 《벙커의 고고학》에서 이끌어내는 가장 놀라운 결론 중 하나이자 그의 후속 저작들에서 바탕으로 삼는 것은, 아마도 제2차 세계대전이 끝나지 않았다는 판단일 것이다.(Virilio 1994a : 58) 총력전의 논리는 전쟁 상태가 끝없이 이어진다는 것이다. 비릴리오는 유럽과 일본 도시에 가해진 공중폭격과, 전후 시대에 핵무기가 민간인에 가하는 절멸 위협에서 본질적 연관성을 보았다.

변방 요새가 불필요해진 상황이 총력전의 도래를 알리는 신호라면, 핵무기의 도래 및 그것이 내포하는 절멸 위협은 비릴리오가 '총력평화Total Peace'라 일컫는 시대의 막을 연다. 공중폭격을 가하는 총력전과 핵 억지력으로 이루는 총력평화가 이렇게 연관되고, 여기에 함축된 전후 시대 전쟁과 평화 간에 실제 차이가 없음은 히로시마와 나가사키에 실제로 핵무기를 투하한 사건을 간단히 언급하여 옹호할 수 있을 것이다. 핵 탑재 폭탄의 배치는 이미 가동 중인 도심 폭격 전략의 직접적인 확장이라 할 수 있다. 히로시마와 나가사키의 파괴는 연합국과 추축동맹국 간의 적대 관계를 마감했지만, 이후 '냉전冷戰'이라 불리게 된 미국과 소련의 핵 대치 국면을 열었다.

비릴리오에게 핵 억지력으로 이루는 총력평화는 공중폭격을 하는 총력전이 거꾸로 연속되는 상황이다. 이를 실베레 로트링거와의 인터뷰에서 한 말로 바꾸어 표현하면 "제2차 세계대전은 결코 끝나지 않았다. …… 평화 상태란 없다. 제2차 대전은 총력평화, 즉 다른 수단으로 추구하는 전쟁으로 계속되었기 때문에 끝이 나지 않았다".(Virilio and Lotringer 1997 : 30-1) 여기서 비릴리오는 전쟁을 가리켜 정치의 연속이라고 한 클라우제비츠의 말을 뒤집어 변형한다. "억지력으로 이루는 총력평화는 다른 수단으로 추구하는 총력전이다."(Virilio and Lotringer 1997 : 31)

이 관점에서 보면 제2차 세계대전이 끝나지 않았다는 주장이 그리 놀랍지 않다. 비릴리오의 의견은 '냉전'을 다른 말로 정의하면 어떻게 될까라는 새로운 관점의 의문을 제시한다. 비릴리오는 1976년 《벙커의 고고학》 직후 출간한 저작 《영토의 불안정성》에서 이 논변을 이어 간다. 다시 한 번 그는 제2차 세계대전이 충돌의 역사에서, 군사 공간으로 결정되는 정치 구조에서 결정적으로 중요한 전환의 계기로 보일 수 있는 방식을 강조한다. 여기서 그는 또다시 공중전의 영향에 집중한다. "총력전은 지구촌 최초의 공중전이었던 만큼 우리 문명의 분계점이었다."(Virilio 1993 : 92)

총력전에서 총력평화로의 전환은 구체적으로는 전쟁 테크놀로지와 관련지어, 그리고 비릴리오의 주장대로 전쟁 테크놀로지의 발전에 동력을 제공하는 공격과 방어의 변증법과 관련지어 이해할 필요가 있다. 여기서 그는 총력전에서 총력평화로의 전환이 무기류의 위력, 속도 및 침투력의 증대를 목표로 할 수밖에 없는 테크놀로지 진보의 필연성을 함축한다고 시사한다. "이미 총력전이 기존 기술력 수준의 능가를 내포한다는 점에서 냉전 다음에는 총력평화였다."(Virilio 1993 : 133)

하지만 공중폭격과 핵 억지력이 겉보기엔 달라 보여도 실제로는 똑같은 정세, 즉 전반적인 시민 불안정화를 초래하고, 이것이 군사전략을 추구하는 바탕이 된다고 비릴리오는 주장한다. "이 연속 전략의 원리는 오로지 국경 내부의 시민 불안, 수십 년 전에는 상상조차 할 수 없었을 불안정의 조성 및 확대에서 나온다."(Virilio 1993 : 133)

제2차 세계대전이 끝나지 않았다는 단언은 단지 전쟁과 평화를 새로 구별하는 추상적 행위가 아니다. 비릴리오에게 총력평화로 둔갑한 총력전의 연속은 민간이 겪는 실제 불안 체험을 함축한다.(이 시기를 겪고 살아남은 사람들은 모두 이를 기꺼이 증언할 수 있을 것이다.) 앞서 보았듯 비릴리오는 개괄적으로 전쟁과 평화의 구별에 의문을 제기하며, 평화기에 전쟁의 존재와(Virilio 1994a : 43) "공위 상태의 불가사의한 영속"(Virilio 1986 : 11)을 확언한다. 그런데 제2차 세계대전은 여기서 더 나아가, 전쟁과 평화가 서로 넘나들면서 전쟁 상태와 평화 상태의 경험마저 기본적으로 헷갈릴 정도까지 근본적으로 바뀌는 시점을 나타낸다. 비릴리오에게 핵 억지력 논리는 전쟁 및 평화 상태의 구별을 끝내고 "전쟁이냐 평화냐의 몇 백 년 된 양자택일의 끝이오, 총력전이 새로운 미지의 상태, 즉 총력평화로의 이행"을 의미한다. 지금까지는 전쟁이 평화기에 존재했거나 '불가사의한 공위 상태' 속에서 평화기에 존속했다면, 이제는 두 상태가 서로 섞여 들어가 전혀 새로운 군사 및 정치 형태를 이룬다.

이 총력평화 상태는 비릴리오가 후속 저작에서 '순수전쟁pure war'이라 이르게 되는 상태와 긴밀히 연계된다. 총력평화와 순수전쟁이란 두 용어는 핵 억지력 논리와 관련해 사용되지만, '순수전쟁'이 전반적인 불안정화를 바탕으로 한 군사전략을 함축할뿐더러 비유적으로 불안정 상태 및 집단 경험의 세계적이고 기술적·경제적 심지어 형이상학적인 조직을 상징하는, 훨씬 더 포괄적인 이론 용어라 하겠다. 순수전쟁과 총력평화는 둘 다 앞에서 기술한 전쟁 및 평화 상태의 융합을 함축한다는 점에서 비슷하다. 《인민 방어와 생태 투쟁》에서 비릴리오는 이를 다음과 같이 표현한다. "**순수전쟁**은 평화도 전쟁도 아니며, 우리가 믿었을 수도 있는 것처럼 '절대'전쟁이나 '총력'전쟁도 아닌, 오히려 그것이 사시사철 일상화된 상태에서의 군사적 사례다."(Virilio 1990 : 35)

하지만 비릴리오는 '순수전쟁'이란 용어를 통해 '총력평화'에 이미 내포된 가정 일부를 더욱 발전시킨다. 그는 《영토의 불안정성》에서 핵 억지력을 전투에서 우발적 양상을 제거하는 전략으로 기술한다. "폭탄이 전쟁을 억제하지는 않으며, 다만 전략적 의사 결정을 다른 범주로 이동시키면서 임의 요소[위험]를 얼마만큼 억제한다."(Virilio 1993 : 143) 폭탄은 이를테면, 전쟁에서 일어날 우발적이거나 돌발적인 가능성들을 '일소'하고, 전략을 짜거나 미사일 발사대 설치를 결정하거나, 아니 실은 핵 방아쇠를 당기는 사람들에게 의사 결정을 맡긴다. 더 나아가, 비릴리오는 핵 억지력 원칙을 "과학과 테크놀로지가 그 전능함을 발휘하여 신비한 표상이 되게 하는 음모"라 일컫는다.(Virilio 1993 : 140)

바로 이 두 양상, 즉 전쟁에서 전쟁터의 우발 사고 제거하기와 테크놀로지의 위력을 신비하고 형이상학적 표상 수준으로 제고하기가 비릴리오가 쓰는 '순수전쟁'이란 용어의 용도를 특징짓는다. 여기서 '순수한' 형태의 전쟁은 충돌 자체의 문제를 거의 초월하며, 인간의 현실 전체를 조직하거나 구조화하는 양식이 되는 듯하다. 전쟁은 과학이나 테크노 과학적 세계관 속에 위치해 있으니, 즉 "과학으로 작동하는 전쟁…… 해당 지식 분야를 왜곡하는 모든 것"이다.(Virilio and Lotringer 1997 : 27)

총력평화와 달리 순수전쟁은 특정 충돌(예컨대 제2차 세계대전)과 관련짓기보다는 테크노과학적 발견이란 측면에서 더 잘 드러난다. 비릴리오에게 순수전쟁은 "동서 대립이 아닌 테크노과학으로서의 과학 발전과 엮여" 있다.(Virilio and Lotringer 1997 : 167) 결국 순수전쟁은 특정한 충돌 양식보다는 종교에 가까운 태도를 기술하는 듯하다. "순수전쟁은 절대 우상이다. ······ 순수전쟁은 고대사회의 우상숭배에 전적으로 견줄 만하다."(Virilio and Lotringer 1997 : 167) 그것은 "궁극의 형이상학적 표상이다".(Virilio 1990 : 102)

이 인용들은 1970년대에 비릴리오가 보인 사유의 진전을 함축한다. 대서양 연안의 콘크리트 요새에 대한 고찰은 전쟁 테크놀로지에 대한 더 폭넓은 사유에 삽입되어 있다. 벙커라는 고고학 유물은 공중폭격을 가하는 제3전선의 개척이 가져온 군사 및 정치 공간의 변형을 보여 주는 핵심적인 상징이 된다. 여기에서 비릴리오는 제2차 세계대전에 이어 전개된 냉전 시대가 사실 총력평화의 시기, 말하자면 다른 수단(핵 억지력)을 쓴 전쟁의 연속이었다는 결론을 내린다. 이는 다시 순수전쟁의 사유로 발전한다. 즉, 핵 억지력을 밑받침하는 테크노과학 이념을 인간 사회 전체를 조직하는 양식이자 집단 현실관을 형성하는 형이상학적 표상이나 신념 체계로 중시하는 사유이다. 사실상 비릴리오는 사회 공간과 정치 공간을 결정짓는 군사 테크놀로지의 사고방식에서, 우리의 온전한 현실 파악을 결정짓는 군사 테크놀로지적 세계관의 사유로 옮겨 간다. 비릴리오에게 순수전쟁은 현대의 숭배, 핵무기에 기반한 전 세계 안보 질서를 밑받침하는 '군사과학의 절대 신념'이 된다.

순수전쟁에 대한 비릴리오의 설명이 지나치게 포괄적이며 그의 기독교적 배경, 즉 스티브 레드헤드Steve Redhead가 말한 '가톨릭 반국가통제주의'(Redhead 2004 : 85)로 지나치게 굴절된다고 주장할지도 모르겠다. 비릴리오가 현상학의 진정한 신체에(제1장 참조), 또는 넌지시 비치는 기독교의 인간성 개념에 더 가치를 부여하는 것이(둘 다 테크놀로지의 속성은 부차적 위치에 둘 것이다.) 일반적인 테크놀로지 공포증을 넘어서, 군사적·테크노과학적 사유가 갖는 구조적·이념적 중요성을 지나치게 강조한다고 말할 수도 있다.

그러나 여기서는 비릴리오의 두 가지 설명, 즉 전쟁에 대한 개괄적 설명과 벙커 및 총력평화··순수전쟁에 대한 구체적 설명이 군사·정치·사회·이념 공간이 서로 내밀하게 연결될 수 있는 기본 방법을 심문하는 데 유용하다는 점만 알고 넘어가면 된다. 핵 저지력을 군사전략 내지 독트린으로만이 아니라, 더 넓은 테크놀로지 및 정치와 관련한 세계관 내지 신념 체계와는 뗄 수 없는 이념으로 이해할 수 있다면, 비릴리오의 분석은 우리의 이해를 심화시키거나 최소한 자극이라도 할 것이다.

비릴리오의 논변에서 가장 중요한 것은, 늘 그렇듯이 공간의 구성, 즉 '속도공간'이라 할 수 있는 공간 속 상대운동 속도 내지 침투 속도이다. 궁극적으로 논점은, (군사) 테크놀로지와 속도공간이 상호작용해 공간 조직의 가능성을 창조하고, 그 다음이 가능성이 집단 경험과 의식(즉, 사회생활과 정치 생활)의 일부 기본 요소를 구성하게 되는 방식이다. 비릴리오에게 공중투하 폭탄이나 탄도탄, 핵 탑재 폭탄, 탄두의 도래는 근본적이면서 무시할 수 없는 질문을 제기한다. 그런데 공중전을 벌이는 제3전선의 테크놀로지가 이 설명에 결정적이라고 한다면, 비릴리오가 '제4전선'이라 이르는 전선의 도래도 그에 못지않게 중요하다.

지각의 병참학과 제4전선

앞서서 비릴리오가 사유한 전투의 '속도공간'이 체화한 지각의 문제를 중심으로 하기보다는 가속과 관성(각각 공격과 방어 양식에 해당한다.)의 상대속도와 더 밀접하게 관련돼 있다고 시사했다. 물론 이는 공격과 무기류 및 요새와도 관련된 설명이지만, 엄밀히 말하면 그가 전투의 물자 병참학에 대해 제시하는 설명에 관해서만 사실이다. 사실 《벙커의 고고학》 이후 줄곧 그는 전쟁을 가능케 하는 군사적 투영과 기획도 근본적으로는 지각과 표상의 문제임을 강조한다.

> 예측과 편재遍在는 전쟁의 필요조건이며, 거리나 돌출 장애물이 정보 수집이나 정찰을 방해해서는 안 된다. 한편에서는 모든 것을 보고 모든 것을 듣고 모든 것을 알아야 하며, 다른 쪽에서는 어떤 자연 요소가 제공하는 것보다 훨씬 더 단단한 엄폐물과 차폐물을 만들어 내야

한다.(Virilio 1994a : 43)

　이는 체화한 지각에 대한 것이라기보다는, 비릴리오가 '지각의 병참학logistics of perception'이라 부르게 되는 현상에 대한 것이다. 전쟁은 본질적으로 공간 속 상대속도의 문제이지만, 공간 지각과도 불가분의 관계이다. 한편으로는 공격 운동이 "모든 것을 보고 모든 것을 듣고 모든 것을 알" 필요에 해당하며, 다른 편에서는 방어 운동이 "가면과 막screen"의 창조에 해당한다고 할 수 있다. 그렇다면 전투란 적을 멸할 무기의 소유에 관한 것인 만큼, 적을 멸하고자 올바르게 보고 겨냥할 능력에 관한 것이기도 하다. 전투는 난공불락의 방어물이나 요새를 갖는 일에 관한 것인 만큼, 적이 계략이나 위장 양식을 통해 볼 수도 있는 바를 조작하는 일에 관한 것이기도 하다. 그렇기 때문에 비릴리오에게 "모든 충돌은 지각의 장場이다. 전쟁터는 무엇보다 먼저 지각의 장이다".(Virilio 1999 : 26) 이런 지각 문제, 특히 '지각의 병참학'이란 관념 문제는 전쟁에 대한 비릴리오 사유의 두 번째 주요 가닥을 이룬다.

　이 논변은 1984년 최초 출간된, '지각의 병참학'이란 부제를 단 《전쟁과 영화 I》에서 자세히 전개된다. 앞 장에서는 '경험의 가상화'에 관한 비릴리오의 논변이 19세기 말과 20세기 초 영화의 등장이 한 역할 설명에 크게 의존했다고 지적했다. 특히 비릴리오는 영화 영상이 지닌 '소멸의 미학'을, 텔레비전과 위성 및 디지털 미디어의 가상 현전이 생겨날 전조로 보았다. 이와 비슷한 전개 양상을 추적할 수 있으니, 영화는 1914~1918년의 전쟁 수행에 결정적인 영향을 끼쳐, 우리 시대의 전투에서 방송 미디어가 하는 역할을 예시豫示하게 되었다.

《전쟁과 영화 I》에서 비릴리오는 전투와 지각에 관해 품은 기본 전제, 곧 '표상 없는 전쟁이란 없다'(Virilio 1989 : 6)와 '전쟁터는 늘 지각의 장이었다'(Virilio 1989 : 20)를 되풀이한다. 그리고 나서 이 전제를 기반으로 항공정찰에 사진술을 이용하고, 영화 화면을 뉴스 및 대중 선동에 활용한 것이 1914~1918년에 전쟁의 속성을 바꾼 결정적인 계기였다고 주장한다. 이 설명에 따르면, 무기류의 속성 변화로, 다시 말해 장거리 포격 및 속사 포대의 도입으로 전쟁터에서 사진 및 영화 테크놀로지의 이용이 필연적으로 증가하게 되었다.

> 제1차 세계대전이 역사상 매체를 통한 최초의 충돌인 것은, 속사 무기가 매우 많은 개별 무기를 대체하기 때문이다. 제1차 세계대전은 체계적인 육박전 및 신체적 대결의 종말이자, 적이 전혀 보이지 않거나 거의 보이지 않을 만큼 떨어진 곳에서 벌이는 대량 학살의 시작이었다. 단, 돌발 조명탄이란 예외가 있었으니, 이는 광학 조준과 망원경 배율 확대가 필요해지고, *전쟁영화* 및 사진술을 이용한 전쟁터 복원에, 무엇보다도 작전 수행에서 정찰비행이 중요해졌다는 징조다.(Virilio 1989 : 69-70)

이런 의미에서 전투의 다른 두 병참학인 무기 및 물자의 병참학과 지각 및 표상의 병참학이 근본적으로 연결된 듯 보인다. 군사 공간 내 공격 가능성이 정상적으로 바라보거나 직접 바라볼 수 있는 범위를 넘어서는 거리에서의 신속 폭격으로 결정되면서 간접적으로 바라보는 수단이 필요해진다. 여기서 비릴리오가 보이는 통찰력의 의의를 이해하려면, 한때는 육안에 의지한 대포 조준이 탄도 계산 및 지도 좌표에 의거한 포탄 조준으로 바뀐 것을 떠올려 보면 된다. 전쟁 수행에 사진 및 영화 테크놀로지가 등장한 것은 "현대 전쟁기계war machine인 비행기의 위력과 관찰기계인 항공사진, 영사映寫 포토그램photogram(카메라를 쓰지 않고 감광지 위에 직접 물체를 놓고 빛을 비추어 음영陰影을 만드는 실루엣 사진이나 그 기법—옮긴이)의 새로운 역량의 결합"을 나타낸다.(Virilio 1989 : 71)

여기에서 다시, 비릴리오는 사진 및 영화 테크놀로지의 발전에서 직접 보기에서 간접 보기로의 전환이 일어났음을 간파한다. 직접적인 시선을 따라 겨냥하는 행위는 간접 보기나 멀리서 보기로 대체되고, 그에 따라 적군은 인화지나 영화필름을 거쳐 위치가 파악되고 표적이 된다. 이 전환은 전장戰場이란 군사 공간에서 직접 보기에서 간접 보기로의 변환을 반복하는데, 비릴리오의 말에 따르면 이 변환은 나아가 20세기 초 사진 및 영화의 발달을 특징짓는다.(이는 앞 장에서 논했다.) 이 전환은 동시에 교전 및 전투 자체의 속성에도 근본적인, 단지 적의 위치를 알아내어 표적을 삼는 과정을 넘어서는 영향을 미친다. 비릴리오는 전장을 지각하고 표상하는 새로운 시각 수단의 도입으로 전쟁 자체가 일종의 볼거리가 되었다고 본다.

이 맥락에서 전투의 표상은, 폭발하는 포탄이나 포만큼이나 무기 내지 적을 지배하는 수단이 된다. 이 새로운 시각 기술의 중요성은 전쟁의 상징적 차원을 언급하지 않고서는 이해할 수 없다. 여기서는 전쟁이 단지 물리적 억압이나 전멸의 문제가 아니라 적의 전투 의지, 사기 및 정신을 제압하는 문제이다. 비릴리오에 따르면, 이는 과거부터 지금까지 늘 전투에 있었던 차원이다.

> 전쟁은 그 자체를 신비한 볼거리와 분리시킬 수 없는데, 볼거리의 생산이 그 목표이기 때문이다. 적군을 물리치는 것은 생포하는 문제라기보다는 넋을 빼앗는 문제이며, 죽이기 전에 죽음의 공포를 가하는 문제이다.(Virilio 1989 : 71)

사진과 영화라는 간접 보기가 발달하면서 전투의 볼거리 차원은 갈수록 더 지배적인 역할을 한다. 《전쟁과 영화》에서 비릴리오는 전쟁 선전 수단으로서 영화의 발전을 상당히 자세히 더 들어 간다. 이 저작 전체는 영화 테크놀로지가 전쟁과 맺는 관계, 특히 산업 형태로서 영화가 20세기 내내 산업화한 전투의 다양한 양상과 긴밀하게 연결되는 관계를 다룬 역사서라 말할 수 있다. 예를 들어, 제3제국의 선전과 군사기계military machine는 "산업전쟁과 영화 간에 일어나는 침투현상"의 본보기로 보여 준다.(Virilio 1989 : 58)

제2차 세계대전과 관련해서는, 구체적으로 영화 및 공중전의 테크놀로지가 결합해 전쟁 자체로 강력한 시각적 볼거리를 만드는 방식에 관심을 갖는다. 야간 폭격은 소이폭탄과 탐조등, 화재 폭풍 때문에 제한된 형태로 물질 공간을 파괴하는 효과를 내지만, 그 볼거리를 직접 목격하는 사람들에게는 훨씬 더 깊은 파괴의 충격을 안긴다.(예를 들어, 1941년 독일이 총력전 기간에 런던 중심가를 중심으로 화재 폭풍을 일으키고 성베드로 성당을 파괴하려 한 시도가 그러했듯) 실제로 제2차 세계대전 당시 군사 및 영화 테크놀로지가 결합해 전쟁을 특수효과로 이뤄진 볼거리로 만드는데, 이는 특히 전쟁 막바지에 연합군이 벌인 공중폭격 때 최고 수준에 이른다. "연합군이 유럽 대도시들을 공습하면서, 급습은 급작스러운 소음과 빛의 볼거리, 일련의 특수효과, 두려움에 떠는 사람들의 마음에 혼돈을 주려는 대기 속 투영이 되었다."(Virilio 1989 : 78)

볼거리로서의 야간 공습과 영화 산업 테크놀로지의 융합이 바로 전후 시대에 서서히 변모해 가는 전쟁의 특성들을 규정한다. 당시는 이 '지각의 병참학'의 결정적 중요성이 대두되는 시기이자, 충돌이 "이제는 이미지와 소리의 전쟁으로 실제 대상을 상대로 한 전쟁을 대신하는" 시기다.(Virilio 1989 : 4) 이런 맥락에서 비릴리오는 전투 수행에서 '제4전선'의 존재를 규명한다. 이는 육지-해양-공중이라는 세 공격 전선을 보충하며, 거의 제압하게 될 새로운 공격 및 방어 전선이다. 제1차 세계대전 때 시작되어 제2차 세계대전 때 발전한 산업전과 영화의 공생 관계는, 현대 및 우리 시대 전투에서 제4전선을 체계적으로 개척하기에 이른다.

비릴리오가 보기에는 1991년 이라크와 충돌을 벌인 방식이 제4전선의 지배적 역할을 가장 분명히 증명한다. 그 충돌 직후 1991년 프랑스어로 출간한 《사막의 스크린》에서, 비릴리오는 제4전선이란 "즉각적인 정보 전달이나 파괴를 수행하는 통신 무기로 이루어진 전선"으로서 땅과 하늘에 걸친 모든 군사력을 무효로 한다고 시사한다.(Virilio 2005e : 2-3) 이 설명에 따르면, 1990년대 초 미국과 그 동맹국이 수행한 전쟁은 정밀 유도 크루즈미사일(당시 명칭은 '스마트 폭탄')의 전자전electronic warfare에 그치지 않았고, 훨씬 더 중요하게는 '정보전'으로 치달았다. 여기서 통신이란 4전선은 군사 목적의 달성을 위해 전쟁의 표상과 거대한 볼거리를 체계적으로 조작하는 데 이용된다.

근래에 이를 보여 주는 예시는 물론, 2003년 3월 미국과 다국적군의 이라크 지상 침공에 앞서 미 펜타곤이 전개한 '충격과 공포shock and awe' 작전에서 찾을 수 있다. 여기서 바그다드 중심에 있는 주요 건물과 시설을 상대로 감행한 표적 폭격은 전 세계로 생중계된 야간 폭발의 시각적 볼거리와 결합했다. 전략은 분명해 보였으니, 이라크 군대와 민간인을 크루즈미사일이 발휘하는 최강의 파괴력에 (바로 바그다드에 살고 있는 사람들에게는) 직접 노출시키고, 매체를 활용해 노출시켜서 겁먹고 맥을 못 추게 만드는 것이었다.

1999년에 첫 출간한 《기만의 전략The Strategy of Deception》에서 비

릴리오는 선견지명을 드러낸다. "이제 목표는 구조물을 날려 버리는 것이 아니라 공조를 이루는 모든 활동을 잔인하게 가로막아 적의 내부나 주변에 전반적인 신경쇠약을 확산시키고 공포감을 퍼뜨려 그 하부 조직을 무력화시키는 것이다."(Virilio 2000c : 54) 제4전선은 비릴리오가 다른 곳에서 전자기 및 무선 전기통신의 '파동광학'이라 이른 바 있는 현대 매체의 모든 자원을 최대한 활용하는데, 이는 모두 충돌 공간을 정복하여 적을 제압하기 위해서이다.

다시 한 번 비릴리오는 우리 시대 전투 안에서 일어나는 파괴 수단(예컨대, 장거리 정밀 유도미사일을 비롯한 기타 압도적인 공군력 형태)과 통신 수단의 융합 내지 결합을 간파한다. 제2차 세계대전 때 전쟁기계의 산업 역량과 영화의 산업 역량이 결합하여 전쟁으로 소리와 빛의 장대한 볼거리를 만든 것과 꼭 마찬가지로, 현대 전자전에서도 통신 및 무기류 기술이 결합한다. 그리고 이 전쟁은 특정 현장에서뿐 아니라 CNN을 비롯한 기타 방송 매체에서도 일어난다. 동시에 이 전쟁은 전자 내지 디지털 자료전송이 일으키는 즉각적 통제를 통해 중앙계획 본부의 전자 통제를 받는다. 이는 비릴리오가 '총력전자전 total electronic war'이라 명명한 매체와 통신 및 첨단 기술 무기류의 결합체로 "제4전선의 패권을 낳는" 것이며, 이 전선으로 "통신 및 즉각적 작전 통제라는 순수 무기가 이제부터는 다른 세 전선보다 우위를 차지한다".(Virilio 2005e : 85)

'총력전자전'으로 착상한 전쟁이 함축하는 바는 군사적이면서 동시에 정치적이다. 비릴리오가 제4전선의 지배에서 추론하는 가장 중요한 결론은, 군사 및 정치 영역 양쪽에서 시간의 경험과 관련이 있다. 그는 즉각적인 자료전송의 시간성이, 무기 통제를 지시하는 전송이든 볼거리가 되는 파괴 이미지를 담은 전송이든, 신중한 의사 결정과 전략적 사고를 허용하는 시간적 유예가 점차 줄어드는 그런 것이라 주장한다. 이는 무엇보다 먼저 통제 화면이 주된 역할을 하는 전투 상황 자체를 지휘·통제하는 경험에서 감지된다.

> 그러므로 화면은, 좋든 싫든 각자의 이목이 동원되는 전쟁을 바라보는 망원경 시각이 된다. 통제 감시 화면의 지평은 군 발표는 물론이고 언론마저 대체하지만, 분석과 반향을 위해 주류 언론은 필요하다.(Virilio 2005e : 21)

자료전송은 순식간에 일어나는 그 시간성으로 인해 반사작용이 일어나는 찰나의 순간이 필연적으로, 숙고한 끝의 분석과 반향이 떠오를 수 있는 시간을 제압해 버린다.(그리고 이것은 당연히 앞 장에서 논한 노출exposure 찰나적 시간성을 상기시킨다.) 이는 군사전략의 실행과 의사 결정뿐 아니라 전반적인 정치의식의 속성에도 영향을 끼친다. "이 시대에는 군수산업 및 과학적 병참학이 전략적 독트린과 진실로 정치적인 논변을 누를 것이다. …… 전세계로 확대된 정보망 및 원격감시 덕에 즉각적인 통신이 지배하게 되면서 그 시대가 열리게 된다."(Virilio 2005e : 7)

1940~45년의 총력전과 뒤이은 총력평화가 국경의 요새를 쓸모없게 만들어 지정학 공간의 속성을 변모시킨 것과 꼭 마찬가지로, 비릴리오의 말에 따르면 *총력전자전*도 유예와 지속이란, 그의 주장으로는 정치다운 진정한 정치의 반향과 논쟁의 발전을 가능하게 하는 시간성을 퇴색시켜 정치적 시간의 속성을 변모시킨다.

비릴리오는 친구이자 전쟁 및 매체 분야의 동료 사상가인 장 보드리아르Jean Baudrillard와 달리, 걸프전이 일어나지 않았다고는 주장하지 않는다.(Baudrillard 1995 : 61-97) 오히려 그는 정보전과 전자전(즉, 통신이란 제4전선에서 주로 벌이는 전쟁)의 주된 결과가 군사적·정치적 사건 자체가 일어나는 속성을 바꾼다고 주장한다.

이 논의 서두에서 비릴리오에게는 대서양 해안에 있는 제2차 세계대전 당시의 벙커 유적이 국경의 군사적 쇠퇴를, 그러므로 국경이란 지정학을 놓고 전쟁을 벌이던 시대가 지나갔음을 증명한다고 주장했다. 이것이 다음엔 억지력의 시대, 총력평화와 순수전쟁 시대를 열었으며, 이 시대에는 군사 및 테크노과학의 논리가 근본적 수준에서 정치 생활을 지배하게 되었다.

거기서는 또한 비릴리오가 전쟁과 영화가 산업 형태로 상호작용하는 역사를 더듬어 가는 것을 보여 주었다. 즉, 전쟁이 시각적 볼거리로, 그 다음 통신과 방송 테크놀로지가 결합해 육지, 해양 및 공중의 세 전선을 지배하는 '제4전선'을 이루는 다중매체 전자전으로 발전한다는 것을 보았다. 순수전쟁과 제4전선의 발달은 새로이 등장하는 전투 테크놀로지에, 그리고 그것이 군사 및 정치 공간의 구조화에 미치는 영향에 깊은 뿌리를 두고 있다. 무엇보다 비릴리오는 전자 통제, 즉각적인 자료 전송 및 방송 매체의 새로운 테크놀로지가 실제 공간 경험을 점진적으로 축소시키고, 그 대신에 생방송 전송의 실시간을 늘이기 시작했다고 우려하는 듯 보인다.

비릴리오의 전쟁 분석은 비록 형식은 다르지만, 앞 장에서 개괄한 가상화 및 현대 매체의 영향에 대한 본인의 분석을 반복하는 듯하다. "실시간, 즉 전자기 교환의 절대속도가 실제 공간, 달리 말해 위치 교환의 *상대속도*를 지배하는데, 이 위치 교환은 지금까지는 공격 및 방어의 기동 작전으로 말미암은 것이었다."(Virilio 2005e : 85)

이처럼 지각, 질주학, 가상화, 전쟁 및 정치에 관한 비릴리오의 논변은 모두 서로 밀접하게 연결되어 있다. 그가 특정 분야에서 하는 말이 함축한 바는, 그다지 체계적이진 않더라도 일관된 방식으로 다른 분야에서도 이해된다. 이는 그의 저술 중 군사와 정치의 불가분성에서 아주 명확히 드러나는데, 다음 장에서 살펴볼 정치 논의 역시 지금까지 논한 전투 관련 논지와 밀접하게 연결돼 있다. 《사막의 스크린》에서 제4전선의 구조와 중요성을 분석할 때, 그는 군사 문제만큼 우리 시대 정치의 속성에도 관심을 보인다. "그러므로 페르시아 걸프전의 독특한 가치는, 우리에게 실시간의 도전에 정치적으로 대응하게끔 한다는 점이다."(Virilio 2005e : 93)

제4전선, 파괴 수단과 통신수단의 융합

전쟁 및 전쟁이 정치와 맺는 관계에 대한 비릴리오의 설명은, 도시에 대한 그의 관심과 공간 및 공간 조직 문제와 밀접하게 연결되어 있다. 비릴리오는 도시의 기원을 전쟁에서, 그리고 거주 및 기타 사회 활동을 (요새나 자연 지형으로) 방어할 수 있는 지역에 집중할 필요성에서 찾는다. 그러면서 비릴리오는 전쟁이 '다른 수단을 이용한 정치의 연속'이라는 클라우제비츠의 소신을 뒤집는다. 비릴리오에게 모든 정치 활동의 기원은 지리 지형을 지정학적 영토로 실현할 수 있는 전쟁 능력에서 출발한다. 비릴리오는 첫 저작 《벙커의 고고학》에서 최초로 이 분석을 전개하며, 제2차 세계대전 때 만들어진 콘크리트 요새가 역사의 분계점을 나타낸다고 주장한다. 체계적인 도심 공중폭격의 도래로 이 요새들은 무용지물이 되었고, 이는 영토의 변방이 지닌 지정학적 의의가 변질됐다는 증거가 된다. 이 변질 과정은 전후 시대를 지배하는 핵 억지력 논리에서 계속된다. 비릴리오의 말에 따르면, 억지력 논리가 이른바 총력평화와 그 뒤의 순수전쟁을 좌우한다. 총력평화와 순수전쟁은 비유적 표현으로 핵전쟁의 위협 아래 사는 민간인들에게 전반적인 불안정화를 바탕에 깔고 있는 국제 안보 상태를 상징한다. 이 불안정 상태는 전쟁과 평화의 구별을 막기에 이르고, 고도로 군사화한 테크노과학적 조직 형태로서 국가 진화의 밑받침이 된다.

비릴리오는 또 현대 전투에서 새로운 시각 매체가 하는 역할을 분석하여 전쟁에서 테크놀로지가 맡는 역할을 밝혀낸다. 양차 세계대전 때 항공사진술과 영화 테크놀로지가 담당한 중요성부터, 우리 시대 전쟁에서 현대 위성 및 디지털 매체가 담당하는 결정적 역할에 이르기까지 비릴리오는 파괴 수단과 통신수단의 융합을 밝혀낸다. 이 융합이 비릴리오가 '제4전선'이라 부르는 전선의 등장을 결정한다. 육상, 해상 및 공중 다음으로 전자제어와 매체 통신의 제4전선이 우리 시대 교전이 벌어지는 감제지형 dominant terrain(멀리까지 관찰할 수 있고 적의 동태도 쉽게 파악할 수 있는 지형 —옮긴이)이 되었다.

| 제 5 장 |

정치
정치 공간과 정치 시간

| 공간 구축과 시간 경험의 관점에서 본 정치 |

비릴리오의 정치적 위치를 기존의 전통적 입장 내지 변별하기 쉬운 정치적 입장 내에서 찾기는 어려워 보인다. 이 책 1장 맨 앞에서 지적했듯, 비릴리오는 한 인터뷰에서 자신을 "무정부주의 기독교인"(Armitage 2001 : 20)이라 했다. 또한, 같은 인터뷰에서 '코뮌 지지자' 또는 '무정부주의 노동조합운동가'란 호칭도 기꺼이 쓰겠노라고 했다.(Armitage 2001 : 19) 이를 근거로 비릴리오의 정치적 입장을 프랑스의 불순응주의 내지 비마르크스주의 좌파에 속한다고 생각하는 게 가장 타당해 보일 수도 있다.

그러나 이 같은 주장은 스티브 레드헤드의 주장과 배치된다. 그는 《폴 비릴리오 : 가속화한 문화 이론가Paul Virilio : Theorist for an Accelerated Culture》에서 두루뭉술하지 않고 똑 부러지게 비릴리오를 '자유주의 인본주의자liberal humanist'라고 규정한다.(Redhead 2004 : 125, 127, 129) 레드헤드의 말에 따르면, 비릴리오의 정치는 "민주주의와 선거 정치에 대해 꽤 표준적인 자유민주주의 입장"(Redhead 2004 : 127)과 거의 구별이 안 된다. 그런데 비릴리오를 인본주의자라 하는 것은 맞지만, 그가 취하는 인본주의 형태는 기존의 정치적 자유주의자의 그것과 좀 다르다. 그는 민주주의가 지닌 일정한 사상의 가치를 지지하기는 하지만, 인본주의로 우리 시대의 자유민주주의 국가를 강도 높게 비판하며, 그 결과 그의 정치는 종래 자유주의의 제 양상과는 결정적으로 다른 형태로 구체화한다.

비릴리오가 기성 자유주의자와는 거리가 멀다는 사실은, 일찍이 1950년대 초에 그가 '가톨릭 노동자-사제 운동'에 가담하고 아베 피에르Abbé Pierre(빈민운동에 헌신한 프랑스 신부—옮긴이) 같은 인물들과 긴밀한 유대를 맺은 데서(비릴리오는 앞에 언급한 인터뷰에서 넌지시 연관성을 밝힌다.) 입증된다.(Armitage 2001 : 19) 사실 비릴리오의 정치적 입장은 보수주의니 자유주의니 하는, 미국이나 영어권의 정치적 전통 안에서 흔히 쓰이는 용어로는 설명할 수 없다. 그보다는 프랑스에서 벌어진 인격주의 운동personalist movement과 1932년 영향력 있는 가톨릭 비평지 《정신Esprit》을 창간한 에마뉘엘 무니에Emmanuel Mounier가 1930년대에 발전시킨 인격주의 사유와 관련지어야 제대로 이해할 수 있다.

인격주의personalism는 이른바 '부르주아 자유주의bourgeois liberalism'를 대표하는 개인주의와 산업자본주의에 단호하게 반대하는 정치 독트린이다. 인격주의는 온갖 형태의 전체주의를 몹시도 반대하며, 현대 국가의 테크놀로지적 요구에도 반대한다. 인격주의는 현대 국가에 맞서서 인격의 가치에 따라 조직한 공동체, 즉 인격체 및 대인 관계가 핵심 준거점을 이룰 공동체 관념을 고취시키고자 했다.(가령 테크놀로지 내지 과학의 진보, 경제활동이라는 관념, 권리라는 추상적 관념이 아닌) 정치에 대한 비릴리오의 사유는 태반이 무니에의 인격주의 사상과 일치하거나 그 핵심 관심사와 가치를 발전시킨 것으로 볼 수 있다. 실제로 젊은 비릴리오가 가담했던 가톨릭 노동자-사제 운동과 그의 철학적 스승 모리스 메를로 퐁티의 정치에서는 인격주의가 매우 두드러졌다. 현대 기술국가, 부르주아 자유주의 및 산업자본주의에 단호하게 반대하는 이런 사유 형태를 알지 못하면 비릴리오의 정치적 입장이 지니는 속성을 제대로 규명 혹은 평가하기 힘들다. 더 나아가, 그의 정치관을 잘 이해하기도 어렵다.

동시에 비릴리오에게 정치의 기원은 도시(즉, 폴리스) 공간에서 출발하고, 앞 장에서 보았듯이 이 도시 공간은 군사 공간에서 형성되는 것임을 상기해야 한다. 비릴리오 저술의 정치적 차원을 평가할 때, 그가 사회학자나 정치과학자 혹은 정치철학자가 아닌 도시계획가로서, 질주학자로서 집필에 임한다는 점을 기억해야 한다.(Armitage 2001 : 173) 그의 관심은 정치 구조, 정치, 나아가 정치의 속성을 속도의 관점에서 심문하는 것이고, 여기서 속도는 '현대 세계의 지상명령' 내지 '결정 요소, 곧 절대 요소'이다.(Armitage 2001 : 83-4) 본 책이 맨 처음부터 밝힌 대로 비릴리오는 무엇보다 공간과 운동에 관심이 있고, 정치 문제로 가면 그것이 공간 조직 및 공간운동의 벡터로 형성되느니만큼 그

의 관심은 무엇보다 지정학과 전략지정학에 쏠린다.(Armitage 2001 : 173)

이제부터는 비릴리오의 저술 속에서 드러나는 정치 문제를 그에게 가장 중요한 관점, 곧 공간 구조화 및 시간 경험의 관점에서 살펴보자. 이 두 관점은 둘 다 운송 및 통신 테크놀로지 변화로 생기는 운동 및 전송 가능성에 따라 다르게 형성된다. 도시나 국가라는 공간이든, 지구촌의 지정학 공간이란 공간이든, 아니면 현대 '시간정치학chronopolitics'의 가속화한 시간이든, 속도는 비릴리오에게 여전히 '결정적인 요소'이다.

그동안 대부분의 논평가들은 비릴리오의 정치적 견해를 비판적으로 바라보았다. 어떤 이들에게는 그의 정치관이 여전히 지나치게 미적이며 '정치적이건 어떤 형태이건 사회 관심사에서 눈길을 돌리고 있다'(Leach in Armitage 2000 : 81). 또 더글러스 켈너 같은 이들에게는 비릴리오가 테크놀로지 및 테크놀로지 국가를 이해하는 데 '과도하게 부정적이며 한쪽에 치우치는' 흠이 있고 '새로운 컴퓨터 및 매체 테크놀로지가 힘을 불어넣고 민주화하는 양상'을 무시한다.(Armitage 2000 : 103)

이런 해설이 함축하는 바는 아마도 비릴리오의 접근법이 종국에는 테크놀로지에 대해 그리고 테크놀로지 혁신이 일으키는 사회 형태의 다양성에 대해 좀 보수적이거나 반동적이라는 것일지 모른다. 이 논의의 목표는 비릴리오의 정치관을 비판하기보다는 그 특수성을 집중 조명해 보는 것이다. 비릴리오의 '무정부주의 기독교도' 불순응 좌파주의가 그의 독자 다수에게 설득력이 없을는지 모르지만, 중요한 것은 이런 정치관이 현대 정치적·지정학적 현실을 밝힐 수 있는 다른 비판적인 조명이라는 점이다.

| 정치 공간 |

앞 장의 《벙커의 고고학》 설명에서, 비릴리오에게는 군사 공간과 정치 공간이 밀접하게 뒤얽혀 서로 떼어 놓을 수 없는 것이라고 주장했다. 공중폭격의 도래로 말미암아 변방 요새가 퇴물이 된 것은 방어 경계로서 국경이 불필요해지고, 핵 억지력과 총력평화, 순수전쟁의 논리에 따라 결국 지정학적 현실이 변모한다는 예고였다.

비릴리오의 초기 저작 대부분은 《벙커의 고고학》에서처럼, 유사 이래 군사 영역 내에서 행사된 침투와 방어 및 통제의 테크놀로지를 써서 지리적 지형이 지정학의 영토로 존재하게 되는 방식에 초점을 맞춘다. 여러모로 그의 초기 저서 네 편(1975년 《벙커의 고고학》, 1976년 《영토의 불안정성》, 1977년 《속도와 정치》, 1978년 《인민 방어와 생태 투쟁》)은 짜임새가 좀 엉성하긴 해도 20세기 후반에 이르기까지 군수 병참과 전송속도가 정치 공간의 형성에 끼친 영향에 대한 긴 고찰에 해당한다. 이 저작들 전체에서 비릴리오는 도시 내지 폴리스의 탄생과 발달에서 운송과 통신의 중요성을 설명하고, 정치적 자주독립체인 국가의 기원은 지리적 지형을 통과하고 통제 및 조사함으로써 생겨나는 가능성에서 찾을 수 있다고 주장한다. 그의 분석은 그가 《영토의 불안전성》에서 표현한 대로 "정치는 먼저 장소, 즉 먼 옛날의 도시국가, 공동체, 그 다음에 국가의 활동임을 인식해야 한다"는 주장으로 시작된다.(Virilio 1993 : 152)

정치가 맨 먼저 장소 내지 공간이라면, 그것은 무엇보다 건설되는 공간이다. 말하자면, 일정한 방식으로 통제되며 형성되는 공간이다. 앞서 살펴보았듯이, 비릴리오는 자연 발생에 가까운 충돌을 역사의 어떤 시점에 중단하고, 그 본질상 공간운동 문제로 보이는 공격과 방어 가능성을 중심으로 군사전략적 사고 및 계획을 채택한 데서 전쟁의 기원을 찾는다. 비릴리오의 사변적 역사관에 따라 도시의 탄생을 거래 및 상업 활동이 아닌 인구가 밀집한 거주 공간의 요새화에서 결정적으로 찾아낼 수 있다면, 정치적 영토의 탄생과 거기서 비롯된 국가의 탄생은 인위적인 활동, 아니 인위적인 공간 건설의 결과라고 볼 수 있다. 비릴리오는 그 핵심을 《영토의 불안전성》 앞부분쯤에서 다소 함축적 의미를 담아 다음과 같이 주장한다. "국가는 정확히 존재 자체의 설치에서 탄생한다. 말하자면, 군거群居하는 장場 한가운데에 그 자체 장을 인위적으로 건설하여 탄생한다."(Virilio 1993 : 80)

그렇다면 국가는 지리적 지형이 인위적으로 건설되어 지정학적 영토를 구성하는 장으로 변모해야만 존재한다. 이런 맥락에서 군사 공간은 정치 공간을 앞서는데, 군사 공간이 군사 병참이라는 단순한 이유 때문이다. 즉, 비릴리오의 말에 따르면, 군사 공간은 지정학적 영토를 구성하는 인위적 공간 구성의 전제조건인 지리적 지형을 방어·공격·조사·통제하는 공간이기 때문이다. 그렇다고 비릴리오가 민간 업무나 정치 자체보다 군사 업무를 으뜸에 놓는 경직되고 본질주의적 생각을 갖고 있는 것은 아니다. 단지 그는 공간 조직 및 상대속도에 따른 공간운동의 가능성을 그 외 모든 조직의 경우와 관련해 가장 근원적 위치에 둔다는 것이다. 비릴리오에게 공간의 통제 및 침투, 그리고 공간운동을 바탕으로 건설되는 국가는 그 속성상 질주정이고, 그가 《속도와 정치》에서 말하듯 언제나 지배 활동이다. "*질주정 국가에게 땅의 지배는 이미 땅의 모든 차원에 대한 지배이다.*"(Virilio 1986 : 70)

바로 이 맥락에서 국가에 대한 비릴리오의 비판적 이해 내지 '반국가주의'라고까지 할 수 있는 견해를 이해할 필요가 있다. 또한 바로 이 맥락에서 그의 인본주의 관점이 가장 분명해진다. 국가 구성 활동은 무엇보다 공간의 통제 및 지배 활동이므로, 인간 개개인을 지향하거나 인격을 그 주요 척도로 받아들이는 활동이 아니다. 비릴리오는 국가, 그 기원 및 구성 역사에 대해 말할 때 주로 유럽에 있는 국가 및 이른바 '서구 국가'의 발생을 언급한다.(하기야 비서구 국가들의 발전에 관해서는 공간운동 및 통제의 이론적 문제를 당연히 제기할 수 있을 것이다.) 그리고 그는 대체로 도시국가 내지 폴리스의 고대 모형을 긍정적으로 평가하며, 《부정의 지평》에서 이를 "*뛰어난 정치 현장*"이라 평한다.(Virilio 2005a : 77)

흔히 도시국가 내지 폴리스police라 하면 도시의 정치 중심지가 시골 지방을 통제하는 전근대적인 구성체로 이해하는데, 이 폴리스가 비릴리오에게는 그 뒤를 잇는 여러 형태의 국가 조직보다 인간 상호작용의 규모에 맞춘 정치 공동체의 모형이 되는 듯하다. 정말로 그는 근대국가를 고대 도시국가 내지 폴리스에 넌지시 대비시키는 말로 근대국가의 발생을 기술한다. 이 설명에 따르면, 근대국가의 구성은 공간을 조사하고 통제할뿐더러, 공간에 더 총체적인 지배력을 행사하려는 활동이다. 근대국가는 자체 장場의 확장을 유일한 목표나 목적으로 하며, "그 총체를 달성하는 데" 인간적인 척도를 일체 회피하거나 비릴리오가 말하는 대로 "근대국가와 '인간적인 모형'의 관계가 완전히 바뀐다."(Virilio 1993 : 57) 실제로 비릴리오는 근대국가가 인간의 필요에 반하는 논리에 따라 발전했다고 본다. "서구 국가의 발생은 그 자체 존재를 기존의 다른 모든 것에 맞서 팽창한 것에 지나지 않는다."(Virilio 1993 : 81)

국가가 그 자체의 존재를 확인하며 그 존재의 필요물을 기존의 다른 것들의 필요물보다 우선해 확인하려는 경향이 심해졌거나, 비릴리오라면 현대 테크놀로지 국가가 발전하면서 그 경향이 최고점에 이르렀다고 주장할 수도 있다. 비릴리오에게 "테크놀로지 **국가**는 매우 부차적으로만 인간적인 계기를 필요로 하는데, 그 계기가 테크놀로지 국가의 기능에 거치적거리는 방해물을 상징하기 때문이다".(Virilio 1993 : 54)

우리 시대 정치 및 지정학에 대한 비릴리오의 사유는, 국가란 한편으로 (질주정의) 통제 및 지배를 총력화하는 장이고 다른 한편으로는 인간적인 목표와는 이질적인 논리에 따라 자체를 팽창시키는 자주독립체라는 그의 개념을 언급하지 않고는 이해할 수 없다. 국가권력 개념을 특정하게 형성하는 바로 이 근본 수준에서 그의 인격주의, 좀 더 자세히 말해 그가 가치척도로서 인격에 더 높은 가치를 부여하는 것이 결정적인 역할을 한다. 여기서 인격주의가 비릴리오에게 미친 영향은 아주 중요하다 하겠다. 인격주의는 정치 공동체의 목적 또는 목표로서 인격 및 개인의 인간관계가 으뜸임을 천명하는 사상으로, 1930년대에 이 사상이 발흥할 때부터 반전체주의이자 반파시스트이며 반공산주의였고, 동시에 현대 산업자본주의 및 이를 밑받침하는 '부르주아' 자유주의 이념을 배격했다. 달리 말해서, 인격주의는 개별 인격을 몰개성 과정에 포함시키려는 모든 현대의 정치 이념 및 조직 형태에, 즉 한편으로는 (나치나 공산주의의) 일당 독재 국가에, 다른 한편으로는 산업자본의 통치에 반대했다.

이 갈래의 인격주의 사유가 테크놀로지의 현대성에 대한 비릴리오의 설명 전체에 걸쳐 나오며, 그 현대성에 대한 그의 정치적 대응을 결정짓는다. 현대 도시 공간을 기술하는 《영토의 불안전성》에서 인용한 다음 구절은 비릴리오 특유의 전망을 가장 잘 나타낸다.

> 광장과 도로는 차들로 어지러우나 세상 끝 도시의 광장이나 도로처럼 인간이 없다. …… 테크놀로지의 위력이 우리도 모르게 우리 의식의 이 탈동기화desynchronization에 자리를 잡았으니, 그 위력이 사람이

없는 위력의 이미지를 넘어 사라진 시민들의 이미지로 도시에 숨어 있으나 이제는 드러내지 않은 채, 건물에, 자동차에 숨고 행정의 기능 및 그 도구 세계 뒤에 숨겨져 있기 때문이다.(Virilio 1993 : 58-9)

독자들에게는 이런 단언들이 현대 도시 및 사회 공간 곳곳에 다양한 테크놀로지가 넘쳐나는 방식을 너무 싸잡아서, 또 지나치게 부정적으로 거부하는 것으로 보일런지도 모른다. 분명 이는 비릴리오의 잠재된 파국론 내지 종말론적 어조, 그의 총체적 전망에 과장된 비관을 내포할 수도 있는 어조로 앞선 장들에서 조명한 시각을 반영한다. 여기서 다시 한 번 비릴리오에게는 테크놀로지의 현대성을 이끄는 원동력과 그것이 일으키는 정치 형태가, 그가 천명하는 인격 차원과는 극단적으로 배치되는 것임이 드러난다.

1970년대에 《벙커의 고고학》, 《영토의 불안전성》, 《속도와 정치》 같은 저작으로 저술 활동을 시작하면서 비릴리오가 견지한 관점은 "…… 현재 진행 중인 것은 *서구 국가가 주도하는, 확정적이어서 최종적이라 할 수도 있을 인간 사회의 축소*"(Virilio 1993 : 129)라는 정서를 특질로 한다. 이 해설에 비추어 비릴리오가 테크놀로지에 과도하게 부정적이라고 비난하거나 니콜라스 저브르그Nicholas Zurbrugg처럼 "테크놀로지가 수행한 긍정적인 실행의 흔적을 모두 숨기려는, 사실상 없애려는 성향"이라고 비판하기는 쉽다.(Armitage 2000 : 193) 결국 비릴리오의 독자들은 어느 정도는 그 개인의 시각이면서, 제2차 세계대전 전후 프랑스 내 기독교 좌파 비순응주의 정치의 특정 국면에 매우 독특한 그의 인격주의 시각에 어떻게 반응해야 할지를 각자 알아서 판단해야 한다.

비릴리오 정치 사유의 특질인 이 인격주의 차원을 어떻게 받아들이든지 간에, 그의 분석에서 흥미로운 지점은, 그가 독자에게 테크놀로지 사회의 주요 양상과 테크놀로지 국가의 정치 조직에 의문을 품거나 이에 비판적으로 응하라고 권하는 방식이다. 그가 제공하는 독창적이면서 흥미진진한 일부 통찰은, 이제는 어느 정도 예상할 수 있을지 모르겠지만, (운송과 통신의) 전송속도가 국가 내 권력 분배 및 국가 구조에 영향을 끼치는 방식과 관련이 있다.

비릴리오는 고속 운송과 거의 즉시 통신으로 나타난 거리 축소 내지 '다른 환경의 초전도성' 또한 '집중력과 더불어 권력의 집중'(Virilio 1993 : 129)은 아닌지 묻는다. 그렇다면 그가 제기하는 중요한 의문은, 테크놀로지 혁신이 현대 자유민주주의 국가의 권력 속성 및 분배를 바꾸는 과정에 있을 수 있는 방식과 관련이 있다. 여느 때처럼 비릴리오는 공간 및 시간 경험의 구조를 조직하는 양식의 관점에서 이 의문에 접근한다. 그는 지정학적 공간의 변모에 관심을 기울이며, 우리 시대 생활 속 정치적 시간성의 속성 변화에도 관심을 보인다. 앞으로 드러나겠지만 그는 심지어 민주주의라는 우리의 이상, 아니 실제로 존재하는 민주주의 제도들이 고속 통신 및 방송 매체의 '실시간' 속에서 지탱될 수 있는지 의심하기까지 한다.

비릴리오는 1980,90년대 《잃어버린 차원》, 《부정의 지평》(두 편 다 1984년 첫 출간)과 《열린 하늘》(1995년 출간) 같은 저작으로 활발한 저술 활동을 벌이며 도시 공간의 정치적 의미 변화에 점점 더 관심을 집중한다. 아울러 도시의 변모가 지구촌의 지정학 조직의 변화를 수반하는 방식에도 관심을 갖는다. 이 맥락에서 그는 현대 운송 및 통신의 전송속도 증대가 도심이 갖는 정치적 의의에 부정적인 영향을 끼친다고 본다. 이것은 특정 종류의 탈도시화로 이어지는데, 이를 그는 다음과 같이 기술한다.

> 폴리스는 더 이상 뛰어난 정치 현장이 아니며 통신수단의 탈지역화는 탈도시화라는 사람들이 잘 모르는 현상을 주도하는데, 아직은 탈도시화가 대도시 집중이 일어나, 현장에 눈에 보이는 타격을 입히지 않기 때문이다. 인구의 사회적·정치적 문제는 장소에서 교환 및 거의 즉시 대이동이라는 비장소의 문제로 바뀐다. 그리하여 *비상사태가 시간에 거주하는 신도시* 같은 것이 된다. 한때 공위 상태가 공간 거주를 결정했던 그 '장소$_{place}$'에서 말이다.(Virilio 2005a : 77)

이는 인구의 물리적 제거를 포함하는 탈도시화가 아니다. 여기서 논점은 오히려 정치 내지 정치 활동의 현장$_{site}$이라 할 수 있을 곳의 속성 변화이다. 비릴리오는 현대 운송 및 통신의 발달과 함께 도시의 정치 공간이 줄어들면서 공간보다는 시간 차원이 늘어난다고 말하는 것이다. 그는 정치 영역 내의 사태 진전을 기술하는데, 이는 3장에서 논의한 경험의 '가상화'와 관련해 기술한 내용과 똑같다. 다시 한 번 가속도가 붙은 운송의 신속성과 원격통신의 즉시성은 세계라는 공간, 부피 내지 외연의 부정으로 보인다.

비릴리오의 말대로 정치가 폴리스라는 공간에서 기원했다면, 또 폴리스 내지 도시가 군의 공간 기획에서 비롯되었다면, 전송 속도의 가속화로 말미암은 공간적 외연의 중요성 약화는 필연적으로 정치 생활에 근본적인 영향을 끼친다. 그렇게 되면 도시는 그 공간 차원 모두를 지배하는 데 정치적 의의가 있는 물질 공간으로 더는 존속하지 못한다. 실제로 폴리스란 공간은 이제 근본적으로 도시의 통제, 시 경계 및 전략적 권력 중심지(궁궐, 의사당, 정부 청사 등)의 방어를 중심으로 하지 않는다. 비릴리오는 20세기 후반에 도시 공간이 "즉시 전송 체제를 받아들이는 대신에 지정학적 실재"(Virilio 1991a : 16)를 상실한다고 주장한다. 정치의 '장소'는 도시 지형이라는 물질 공간이기보다는, 오히려 통신 및 그에 고유한 실시간이란 시간성의 가상 '장소'이다.

정치 시간

비릴리오의 말에 따르면, 정치 활동 현장이 이렇게 폴리스 내지 도시의 공간 차원에서 고속 내지 즉시 교환, 전송 및 통신 시간 차원으로 전환한 것이 20세기 말 테크놀로지 사회의 정치문화, 이념 및 권력 구조에서 일어난 핵심적인 발전을 결정지었다. 예를 들어, 비릴리오가 '시간정치chronopolitics'라 이르게 되는 정치로의 이 전환이 바로 20세기 마지막 30년간 최소국가, 자유시장, 민영화 및 규제 철폐라는 이념들이 위세를 떨치는 데 밑받침이 되었다는 것이다. 일찍이 1978년에 비릴리오는 자신이 '무정부자본주의자anarcho-capitalists'라고 이름 붙인 사람들이 조장하는 '**최소국가**MINIMUM STATE'를 "그것이 영향을 미치는 영역이 거의 움직임이 없는 영토 덩어리가 아니라, 끊임없이 활동하나 그럼에도 보이지 않고 알 수 없는 통신체의 영역이라는 의미에서 **최소**로만 보이는 **국가**"로 기술한다.(Virilio 1990 : 94)《부정의 지평》에는 이 개념에 대한 설명이 더 자세히 나온다.

> 시간 관리 경제의 과거와 미래는 공간 관리에서 근접한 앞과 뒤를 대체한다. 이 즉시성의 도래로 권력은 시간의 가설적 중심인 절대 동원動員(mobilization)의 수렴 축으로 나아간다. 여기서는 집중성이 확장성의 뒤를 잇고, *최대국가*maximum state인 *섭리국가*the providence state가 갑자기 *최소국가*인 *운명국가*the destiny state에 밀려난다.(Virilio 2005a : 78)

여기서 사용한 집중성intensivity과 확장성extensivity이란 용어는, 앞에서 비릴리오가 빛시간, 노출의 시간성 및 경험의 가상화를 논하며 그에 대한 사유를 명료하게 표현하려고 사용한 용어와 같은 것이다. 이 용어는 이제 체화한 지각의 시간성이나 현대 통신이 매개한 집단 경험에 적용되기보다 정치 발전을 이해하는 핵심 용어로 부각된다. 사실상 비릴리오는 국가 통제 이념의 쇠퇴, 거대정부 정치의 탈피 및 신자유주의 경제의 대두를 비판하는 것이다.

이 설명에 따르면 정부 소유권, 간섭 및 사회 관리에 대한 신뢰의 위기가, 근래 경제선진국 정치를 특징짓는 것이긴 하지만, 단순히 냉전이 끝나거나 좌파 이념이 무너진 결과는 아니다. 또한, 단지 테크놀로지 '진보'가 필연적이라는 인식에 정치가 발맞춘 결과도 아니다. 예상할지도 모르지만, 비릴리오는 초기 저작들부터 모든 정치적·사회적 발전상을 테크놀로지 혁신에 예속시키려는 목표를 지닌 진보 이념을 날카롭게 비판한다.(예컨대 Virilio 1993 : 122)

그가 '최대maximum' 내지 '섭리providence'국가라 이르는 정치에서의 탈피는, 현대 테크놀로지가 정치 현장 내지 장소의 근본적인 시공간 구조화를 변경하는 방식의 결과인 점이 훨씬 크다. 여기서 폴리스의 공간 내지 현장의 특질이 되는 것은 바로 거의 즉시 통신, 교환 및 자료 이송이고, 그리하여 전자 시장과 지구촌 자본 흐름의 정치가 도래하며, 이 가상의 정치 활동 공간을 관리하는 데 필요한 것이 바로 최소국가 구조이다.

사실, 비릴리오는 정치 공간의 가상화로 그 서막이 열리는 것이 비단 최소국가의 정치만이 아니라고 시사하여 이 논변을 훨씬 더 확대한다. 비릴리오는 국가들이 서로 맺는 국경, 경계, 상호 관계 또한 급격히 변모했다고 주장한다. 도시라는 공간의 의미가 줄어들고, 정치 활동의 현장이 자료 이송과 통신의 가상 영역으로 옮겨 가면서, 이 변환에서 나오는 최소국가는 더 이상 국가 인구란 지리적 실재에 주된 뿌리를 두지 않는다. 최소 국가의 특질이 되는 시간 차원, 말하자면 실시간 통신은 국민과 무관하며, 주로 지구 전역의 다양한 중심지에 위치한 다른 주요 통신 지점과의 연결 및 상호 연결로 이루어진다. 비릴리오는 이를 다음과 같이 표현한다.

> 이들 종착 지점 및 기타 통제와 감시 지점에서 지나치게 연결되어 국민과 무관한 국가는 매여 있던 도시인구에서 벗어날 준비를 하고, 그 주변은 앞으로 속도의 비장소, 비위치며, 본질적으로 벡터라서 시간의 우월성이 공간의 우월성을 대신하는 정치의 비영토이다.(Virilio 2005a : 95)

이와 같은 해설은 비릴리오가 20세기 말과 21세기 초의 정치 내 현상인 시장의 승리와 전 세계 자본 이동만을 얘기하는 것이 아님을 말한다. 그는 또한 그 기간 내내 세계화를 밑받침하는 더 광범위한 세력에 대해서도 설명한다. 《정보과학의 폭탄》에서 그는 세계화를 '대**지구촌 공동체주의**의 돌연변이'이자, '정체성의 속성을 바꾸는 세계적 탈지역화'라고 평한다.(Virilio 2005a : 95)

이렇게 국가가 돌연변이하고, 매어 있는 지정학적 영토 확장과 변방 및 도심에서 벗어나면서, 정체와 영토를 공유하는 사람들 중심의 '국민국가 nation-state'란 생각은 그 개념 자체가 그 어느 때보다도 의문시되게 되었다. 비릴리오가 기술하는 이 새로운 지구촌 지정학의 장에서 중요한 것은, 정치 중심지로서 도시

라거나 정치의 변방으로서 영토의 경계보다는 정보 중심지 간의 상호 연결이다. 이들 정보 중심지 자체가 주요 도시(파리, 런던, 뉴욕, 도쿄 등)일 수 있으나, 중요한 것은 이 도시들이 연결되어 세계 정보도시 같은 것을 이루는 방식이다. 지구촌 정보도시와 비교하면, 도시 자체의 실제적·물질적 확장은 국지적 교외일 뿐이다. 비릴리오는 이 과정을 《정보과학의 폭탄》에서 자세하게 기술한다.

> **국지적 도시**는 이미 한 **구역**DISTRICT에 지나지 않으니, 무엇보다도 눈에 보이지 않은 채 중심이 어디에나 있고 주변은 어디에도 없는 **세계적 메타도시**의 한 구이다.
> 가상의 하이퍼센터hypercentre는 실제 도시가 언제나 그 주변부일 뿐이라, 이 현상에 시골 공간의 사막화와 더불어 보통 도시의 쇠퇴가 더욱 두드러진다. 이 도시들은 고속 항공이나 육상 운송로에다 원거리 통신 시설 전체를 마음대로 사용하는 거대 도시의 흡인력에 오래 저항할 수 없기 때문이다.(Virilio 2000a : 11)

비릴리오의 말에 따르면, 세계화한 세계는 19세기 말과 20세기 초 자본주의의 영토 지향적인 정치·상업 복합체에 뒤이어, 고속 운송 및 전자기 자료전송으로 지탱되어 전 세계로 확장된 정보·대도시 복합체가 나타나는 세계이다. 이는 산업자본 소유 계급과 산업 프롤레타리아트 간의 대립을 특질로 하는 정치 상황이 아니다. 이 새로운 세계적 장의 분할은 새로운 실시간 폴리스 내지 메타시티meta-city(생활권역이 도시와 국경을 초월하는 도시—옮긴이)에 연결된 사람들과 거기서 배제된 사람들 사이에서 일어난다.(Virilio 2005b : 95)

그렇다면 이 차이는 단순히, 예를 들어 '제3세계' 내지 개발도상국 사람들과 '제1세계' 내지 선진국 사람들 간의 공간적 차이가 아니다. 비릴리오의 주장은, 지구 전체에 일정하지 않게 분포된 (테크놀로지를 이용할 능력을 갖춘) 절점節點으로 권력과 정보 및 경제활동의 집중이 중요하니만큼 전통적인 지구 공간의 지정학적 구조가 변화했다는 것이다. 여기서 기존의 식민 본국 중심부(예컨대, 유럽이나 미국)와 식민지 사회나 식민지 이후 사회 주변부(예컨대, 아프리카나 남미)로 나누던 이전의 구별 방식이 알게 모르게 변경되는데, 이제 중요한 것은 '실시간'으로 (즉, 거의 즉시) 정보 및 경제 금융 활동을 하는 기술 공동체에 참가하는가 아니면 거기서 배제되는가 하는 것이다. 그 증거를 찾기는 어렵지 않다. 예를 들어, 과거 식민 중심지의 엘리트들은 (최첨단 마천루와 사무실 건물이 있고, 대개 임시변통의 빈민가나 판자촌 근처에 위치한) 디지털로 연결된 유럽형 도시 지구에서 근무하는 반면에, 같은 나라 노동자나 농민들은 들판과 공장, 노동착취공장 및 광산에서 노동한다.

이렇게 볼 때, 비릴리오가 세계화된 현대 세계에는 불평등이 없다고 말하려는 게 아님이 분명하다. 지금까지 살펴보았듯이, 그는 테크놀로지의 진보가 불가피하다고 단언해서 세계화 및 현대 자본주의 세력을 옹호하려 하는 것도 아니다. 항상 그렇듯, 그의 분석 목표는 거의 가려진 시공간 조직 차원을 들추어 내어 그 운동 벡터, 전송속도 및 그것이 우리의 집단 경험과 시공간 조직에 끼치는 전반적인 영향을 설명하는 데 있다. 이 책에서 줄곧 주장했듯, 바로 이 점을 바탕으로 해야만 가려진 테크놀로지 혁신 및 발전 경향에 비판적으로 대응할 수 있고, (자유시장, 민영화, 규제 철폐 따위의) 기술관료가 정통으로 삼는 관행에서 벗어나는 정치가 나올 수 있다.

사실, 비릴리오는 전 세계 정보교환의 메타시티를 다스리는 '실시간'이란 정권을 '*실시간의 전제정치*tyranny of real time'라 부른다.(Virilio 1993 : 283) 그는 분명 시간정치라는 이 새 질서에 존속하는 세계적 불평등을 우려한다. 또한 정보의 고속 전송에 고유한 즉시성과 집중성이란 시간 차원 때문에 민주주의 정치문화를 허비하게 되는 방식에도 우려를 보인다. 현대 시간정치에 대한 비릴리오 분석에서 가장 관심을 보이는 논점 중 하나는, 실시간의 가상 폴리스이면서 실시간이 낳는 메타시티가 민주주의 정체政體를 제대로 닮은 어떤 것과 어떤 식으로든 양립하는 현장인지의 여부이다.

1993년《영토의 불안전성》중판 후기에서 비릴리오는 우리의 민주주의가 어떤 것이든 "새로운 전제정치, 즉 더 이상 민주주의의 통제를 허용치 않고 오로지 조건반사인 *자동 작용*만을 허용하는 *실시간의 전제정치*"의 도래로 사라질 수도 있는 가능성을 든다.(Virilio 1993 : 283) 그는 1996년 출간한 필리페 페티Philippe Petit와의 인터뷰에서 이 점을 되풀이하여 언급한다.

실시간의 전제정치가 시민의 성찰 능력을 없애 반사 행동을 하게끔 한다는 점에서는 종래의 전제정치와 전혀 다르지 않다. 민주주의는 연대에 관한 것이지 혼자만의 경험이 아니며, 인간은 행동하기 전에 숙고하는 시간이 필요하다. 그러나 실시간이자 세계적 현재는 원격 관객telespectator 쪽에 반사 반응을 요구하는데, 이는 이미 조종 행위에 가깝다.(Virilio 1999 : 87)

비릴리오의 분석이 혹자에게는 비관적이고 부정적으로 보일 수 있다. 그러나 '실시간의 전제정치' 사유는 우리 시대 민주주의의 속성을 두고 21세기 초에 점차 퍼져 나간 극히 현실적인 우려를 다룬 것이다. 특히 정치 및 선거운동의 매체화가 이러한 걱정과 불안의 주요 원인이었다. 예를 들어, 1990년대와 2000년대 초 영국 노동당 지도부가 미디어계의 거물인 루퍼트 머독과 맺은 밀접한 관계에 대해 많은 이들이 유권자보다 기업 집단의 정치적 영향력이 더 큰 것이 아니냐는 의문을 표했다. 이탈리아 정치인 실비오 베를루스코니의 경우는 더 큰 우려를 자아냈다. 베를루스코니는 이탈리아 방송 미디어의 상당 지분을 지배하는 기업 제국의 소유주이자, 2006년 초까지 여당의 당수 겸 수상이었기 때문이다. 미국도 마찬가지다. 2000년 조지 부시가 처음 '당선'된 후 부시 정부와 미디어 기업 이익집단(특히 루퍼트 머독 집단)과의 관계에 줄곧 여러 가지 의문이 제기됐다.(사실 부시 행정부 자체가 바로 기업 이익집단의 대표자들로 이루어져 있다고들 주장했다.) 1976년 비릴리오는 현대 통신에 고유한 '환경의 초전도성' 또한

'권력의 집중'을 수반하는 것이 아니냐는 질문을 던졌다.(Virilio 1993 : 266) 근래에 민주주의 기관(예컨대, 선출된 정부와 국회)에서 선출되지 않은 대기업 집단과 기술관료 행정 조직체로 권력과 영향력이 이동하고 있는 데 더 자주 의문이 제기되고 있다.

그러나 앞의 인용문에서 분명히 밝혔듯, 비릴리오는 단지 소수 엘리트에게 권력과 영향력이 집중되는 것만을 염려하는 게 아니다.(이는 자본주의 체제의 자유민주주의 사회에서 새로울 게 없는 일이다.) 비릴리오는 그보다 이렇게 기업 이익집단의 영향력이 높아진 근본 원인이 폴리스 자체의 가상공간 및 '실시간'의 집중 시간성이란 속성에서 비롯되는 방식에 우려를 표한다. 비릴리오는 실제 전제정치 또는 기업 미디어 권력과 그에 따르는 이익집단의 원천이 현대 방송 미디어 속에서 우리 경험이 구축되고 구조화되는 방식에 있다고 본다. 여기서 비릴리오의 정치 생활 분석은 이 책 3장 말미에서 논한 원격현전 분석, 곧 원격 볼거리 및 원격영상 문화 분석과 재결합한다. 상기하건대 이 맥락에서, 그는 《시각기계》 같은 저작에서 "시각의 신산업화 대두, 그야말로 인조 지각$_{\text{synthetic perception}}$ 시장의 자리 잡기"를 지적했다.(Virilio 1994b : 59)

오늘날 미디어 거물들이 20세기 초 전체주의 국가의 선전 조직이 했던 것과 똑같은 방식으로 집단 여론 및 지각을 통제하거나 조작하는 것은 아니다. 원격현전의 가상 세계에서 집단 지각 및 경험의 형성과 동기화는 필연적으로 인위적 구축이나 표상일 수밖에 없다. 결국 미디어 권력을 쥐고 있는 사람들의 세계관이 필연적으로 그 구축이나 표상의 속성을 결정하기 쉬울 것이다. 그 좋은 예가 루퍼트 머독이 유럽연합에 품은 적대감의 영향과 그가 소유한 지방 방송국이 영국의 여론에 미치는 영향력일 것이다. 아무리 영국 국민들에게 유럽에 대한 뿌리 깊은 반감이 있었다고 할지라도, 1980년대, 90년대, 그리고 2000년대 초반 각 시대 특유의 반유럽 정서 형태를 결정하게 한 것이 머독이 거느린 활자매체들이 주도한 반유럽 어조였다 하겠다. 이는 유로화 단일통화 도입을 결정하는 국민투표 실시가 이와 관계된 정부 인사들에게 정치적 자살행위가 되게끔 여론을 조성하여, 직간접으로 영국의 유로화 가입 문제에 영향을 끼쳤다.

비릴리오에게 이보다 더 중요한 것은, 가상 현전 내지 원격현전의 집중 시간성intensive temporality이 지속이나 어느 정도 합리적인 논쟁 혹은 교환이 아닌 앞서 말한 대로 감정과 반사작용의 시간성을 띠게 되는 방식이다. 《공황의 도시》에서 그는 이를 다음과 같이 표현한다.

> 오늘날 우리는 단순히 여론 민주주의가 정당의 대의민주주의를 대신하리라는 위협에만 직면한 것이 아니다. 그야말로 **감정 민주주의** DEMOCRACY OF EMOTION, 동시에 일어나 전 세계로 퍼져 나가 탈정치적 **텔레밴절리즘**post-political televangelism(텔레비전으로 선교 활동을 펼치는 것—옮긴이)의 모형이 될 수도 있는 집단감정 민주주의의 과잉을 마주하고 있다.(Virilio 2005b : 37)

위험스런 일은 현대 방송 매체가 '동기화 시대era of synchronization'를 열었다는 점이다. 동기화 시대에는 우리의 개별 의견이나 시각, 감정으로 보일 수도 있는 것이 산업화된 시각 및 지각의 힘과 원격현전의 가상 영역에 속하는 찰나 및 찰나적 반응의 시간성으로 형성된다. 그 구체적인 예를 영국 정부 안에서 찾아볼 수 있다. 영국 정부 각료들은 이민이나 망명, 법과 질서 등에 관한 정책을 그때그때 거의 임기응변식으로 특정 캠페인이나 방송 매체의 압력에 반응해 입안한다는 비난을 받는다. 물론 이것은 언제나 부인된다. 그러나 민주주의 문제, 그것도 감정 민주주의 문제를 중심으로 한 비릴리오의 사유는 중요한 이론적 관점을 제공한다. 이 관점에서 보면 디지털 정보 테크놀로지 시대에 정치와 미디어 그리고 권력과 영향력의 균형 변화 사이에 일어나는 우리 시대의 상호작용에서 중요한 논점을 더 깊이 이해하게 된다.

비록 비릴리오의 관점은 확고한 인격주의이지만, 우리가 그가 기술하는 상황을 거부하거나 거기에 정치적 반응을 보이려 할 때 구체적으로 어떤 정치를 선택해야 하는지는 명확하지 않다. 그의 저술은 처방을 내리기보다 분석하며, 그 목표는 가려진 경향을 들추어내는 것이지 그에 대한 대응을 명령하려는 것이 아니다. 정치 활동의 장소와 시간정치의 대두에 대한 그의 전체적인 설명은, 갈수록 기술관료화하는 정치문화의 근간을 이루는 숨겨진 차원을 밝히는 데 주력한다. 비릴리오에게는 실시간과 원격현전의 이 가상공간이 기술문화의 공간이자 우리 시대 정치 활동의 현장을 구성하는 기반 구조이다. 그는 두루뭉술하지 않고 딱 부러지게 "이 기술문화의 민주화란 없다"고 경고한다.(Virilio 1999 : 33)

우리가 비릴리오의 인격주의 정치에 어떻게 반응하든 우리가 믿는 정치가 무엇이든지 간에, 우리에게는 그의 질주학적 관점이 가장 흥미롭고 중요하다. 비릴리오 저술의 속성이 파편적이거나 겉보기에는 임기응변 식인 듯하지만, 그가 정치를 사유하는 다양한 계기는 모두 서로 연결되어 일관된 시각을 이룬다.

도시 내지 폴리스의 정치적 의미는 퇴색하며, 세계화가 부상하고 전 세계 메타시티의 정보가 서로 연결된다. 영토 공간과 국경의 정치적 의미가 퇴색하며, 최소국가와 자유시장, 민영화 및 규제 철폐 이념이 부상한다. 국가 소유 이념이 퇴색하며, 가상 차원의 실시간 교환을 관리하는 미선출직 기업 엘리트와 기술관료 엘리트에게 권력과 영향력이 집중된다. 마지막으로, 이런 엘리트들이 부상하면서 감정의 민주주의가 우세해져 촌철살인적 표현과 반사 반응이 점차 실제 논쟁과 이념 차이를 밀어내어 대신하게 된다.

비릴리오의 정치관은 때로 지나치게 비관적이며 부정적이다. 그러나 시공간 조직의 근본 구조를 다루는 질주학적 분석으로서 그의 정치관은 놀라우리만치 독창적인 통찰을 제시한다. 그 주장의 설득력과 간파력은 21세기 초 정치 현실에 작용하는 여러 힘을 이해하려 할 때 꼭 필요한 것이다.

시간정치와 신자유주의, 세계화

비릴리오의 정치는 그가 젊은 시절인 1950년대 가톨릭 노동자-사제 운동에 가담한 배경과 1930년대 에마뉘엘 무니에가 발전시킨 인격주의 정치학의 맥락 안에서 이해해야 한다. 인격주의 학설은 비릴리오의 반국가주의 성향과 현대 정치 및 사회조직에서 테크놀로지가 담당하는 역할에 대한 그의 비판적 이해에 영향을 미친다. 정치 및 정치 활동에 대한 비릴리오의 사유는 현대 운송 및 통신이 일으킨 거리의 폐기가 정치 공간 구조에 영향을 끼치고, 특히 현대 자유민주주의 국가의 속성에 영향을 주며, 세계화의 진전에 영향을 미친 방식을 문제 삼는다. 비릴리오는 영토지정학의 공간 차원을 밀어내고 실시간 정보 교환, 시장 활동, 세계적 자본 이동의 관리로 요약되는 '시간정치'의 시간 차원이 그 자리를 대신하는 전환을 기술한다. 비릴리오의 말에 따르면, 시간정치의 발흥은 신자유주의 경제학 및 최소국가주의 정치학의 발흥을 밑받침한다. 이는 또한 보통 '세계화'라 일컫는 전 세계 공간 구조의 개편에도 영향을 미친다. 또, 비릴리오는 현대 시간정치와 방송 매체로 인해 민주주의와 민주정치 제도 및 그 과정에 낭비가 생길 수도 있음을 문제 삼는다.

| 제 6 장 |

예술

예술 사고accident

새로운 테크놀로지와 현대 예술의 위상

비릴리오가 테크놀로지와 20세기 예술의 발달 및 관행이 맺는 관계에 갖는 관심은 저술 활동을 하는 내내 계속 이어진다. 《소멸의 미학》(Virilio 1991b)과 《전쟁과 영화》(Virilio 1989)의 영화 담론부터 《부정의 지평》(Virilio 2005)의 그림에 관한 고찰이나 《동력의 기술》(Virilio 1995)의 '동력motorized' 예술에 대한 사유에 이르기까지, 비릴리오는 줄기차게 현대 예술의 위상 및 새로운 테크놀로지가 예술 기법과 나아가 대다수 예술 관행에 끼치는 영향에 의문을 제기했다. 사실 그런 의문은 2000년대 들어 출간된 그의 저서 및 대담집, 예컨대 《예술과 공포Art and Fear》(Virilio 2003b), 《예술의 공포에 대한 담론Discours sur l'horreur de l'art》(Virilio and Baj 2003), 《예술 사고The Accident of Art》(Virilio and Lotringer 2005), 《시각 저 끝 너머의 예술L'Art à perte de vue》(Virilio 2005d)에서 더 두드러졌다 하겠다.

그런데도 비평가들은 비릴리오 담론 전체에서 조형예술과 시각예술이 차지하는 중요성을 거의 주목하지 않았다. 이는 아마도 현대 예술에 대한 그의 설명이 그가 사유하는 다른 측면들처럼 처음에는 다소 부정적으로 보여 예술 비평가들의 흥미를 그다지 끌지 못한 탓일 것이다. 그러나 이들은 필연 긍정적인 가치나 값어치가 있다는 이유로 우리 시대 예술 생산을 다룰 것이다. 비릴리오의 예술 담론은, 앞으로 분명해지겠지만 우리 시대 유럽과 미국의 예술이 처한 상황에 대해 대단한 격론을 불러일으키고 이를 강도 높게 비판한다.

비릴리오가 우리 시대의 예술이 처한 상황을 비판하는 근거는, 그 자체로 비판 혹은 대항의 표현 매체로서 존재하는 예술이 최근 수십 년간 이 기능을 대부분 상실했다는 확고한 믿음이다. 우리 시대 예술에 대한 비릴리오의 담론 중 특히 흥미로운 점은, 아마도 '우리 시대 contemporary' 그 자체를 문제 삼는 점일 것이다. 비릴리오가 보기에, 예술에서 '우리 시대'라는 문제는 단지 기존 형식을 대신해서 과거의 것을 한물가거나 케케묵은 것으로 만드는 새롭고 혁신적인 기법의 현재 상태나 발달에 관한 것이 아니다. 그는 예술의 현재 상태를 다른 현상과 관련시킨다. 《예술과 공포》에서 비릴리오는 이렇게 말한다. "우리 시대 예술이라 하나 우리 시대라면 무엇을 다루는가?"(Virilio 2003b : 27)

예술 문제에 대응하려면 먼저 예술 *문화*, 말하자면 예술 생산에 영향을 주는 더 넓은 세계를 다루어야만 한다고 그는 단언한다. 그렇다면 20세기 말과 21세기 초의 예술이 우리 시대에 속한다고 인식되려면, 결정적으로 지금까지 살펴본 속도 테크놀로지와 가속도 문화, 경험의 가상화를 다루어야만 한다. 그는 우리 시대의 예술이 속도와 가속도, 가상화란 우리 시대 문화를 비판하거나 이에 대항할 표현 양식을 발전시키지 못했다고 주장한다. 비릴리오에게 예술이란 필연적으로 세계에 삽입되는 것, 더 정확히는 세계에 있는 예술가의 존재에서 생겨나 생명을 얻는 것이다. 예술은 세계 및 세계가 변화를 겪는 다양한 방면과 떨어질 수 없고 그래서도 안 된다. 이는 예술이 상황 속 신체 경험, 또는 이른바 체화된 삶의 '인간 감각 중추human sensorium'와 떨어질 수도 없고 그래서도 안 된다는 뜻이다. 비릴리오는 이를 다음과 같이 표현한다. "예술 작품은 학술적이지 않으며 사전에 품었던 어떤 복안도 따르지 않는다." 오히려 그것은 "보고 듣고 추측하고 움직이고 숨 쉬고 변하며 살아가는 몸의 극단적 각성 상태"를 표현한다.(Virilio 2002 : 71)

이로써 다시 한 번 신체적 관점을 지지하고 상황 속 체험에 가치를 부여하는 것이 비릴리오의 가장 중요한 관심사에 놓인다.

시험 중인 현대 예술

비릴리오가 20세기 예술에 대해 제시하는 역사적 설명은 더 넓은 예술 생산 문화를 이중 관점, 곧 전쟁의 관점과 영화·비디오·디지털 매체라는 테크놀로지 혁신의 관점에 맞추고자 한다. 그의 설명은 약간 도식주의적이거나 환원주의적이라 할 수 있으며, 분명 많은 이들의 논박을 받을 것이다. 그렇지만 비릴리오는 현대 예술사를 이 이중 관점에 맞추면서, 예술 생산을 테크놀로지 혁신이 우리의 세계 경험을 변형한 방식과 관련시키려 한다.

맨 먼저 그는 제1, 2차 세계대전이란 대격변을 언급하여 입체파 이후 현대 예술에서 흔했던 격렬한 형태 해체와 상징 기법을 설명한다. 4장에서 살펴본 대로, 비릴리오에게 20세기에 일어난 두 차례 세계대전의 결정적인 특징은 테크놀로지 혁신이었다. 제1차 세계대전은 전장 포격 및 간접(사진, 영화를 통한) 보기의 발전을, 제2차 세계대전은 민간인에 대한 체계적인 공중폭격의 발전을 보여 주었다. 이렇게 증가 일로에 있는 전투의 자동화 및 기계화는 새로운 형태의 폭력과 공포를 만들어 냈고, 이것이 참전 예술가 개개인의 경험과 더 나아가 예술 문화에 상흔을 남겼다고 비릴리오는 주장한다. 이탈리아의 무정부주의 예술가 엔리코 바이Enrico Baj와의 인터뷰에서 그는 이를 다음과 같이 표현한다. "사람들은 입체파 이후 추상예술에 이르기까지 무슨 일이 일어났는지를 …… 전쟁, 즉 테크놀로지, 가스, 신형 폭탄으로 훨씬 더 무시무시해진 전쟁의 공포와 연결시키지 않고서는 이해할 수가 없다."(Virilio and Baj 2003 : 47)

이 설명에 따르면, 연속해서 밀려오는 아방가르드나 모더니즘 예술의 물결에서 형태에 가한 폭력은 세상을 보거나 표상하는 전통 방식 내지 용인된 방식을 향한 비판적인 몸짓에 그치지 않는다. 비릴리오는 그렇게나 많은 현대 예술의 특징이 된 형태 분해가 새로운 전쟁 테크놀로지가 허용한 극단적인 폭력 행위 증가에 대한 대응, 아니 더 정확히는 그런 폭력 행위의 증가를 나타내는 징후였다고 말한다. 전쟁 경험과 예술 발전의 연관성을 분명히 보여 주는 예는 제1차 세계대전 중 벌어진 다다운동 Dada movement의 창설일 것이다.

다다운동은 트리스탕 차라Tristan Tzara(1896~1963), 장 아르프Jean Arp(1887~1966), 후고 발Hugo Ball(1887~1927)의 주도로 1916년 취리히에서 결성되었다. 이 예술가 및 사상가들은 전쟁의 공포에 강력 반발한 젊은 세대를 대변한다. 다다이즘Dadaism은 반항 운동이었다. 그것은 보수적 가치에 맞서고, 그 당시의 정치권력에 맞선 반항을 나타냈다. 그 목표는 모든 용인된 가치와 단절하기, 더 나아가 파괴하고 겁주고 타파하기였다. 다다이즘 예술가의 표적은 예술과 관련이 있으면서도 문화 및 사회와도 관련이 있었다. 용인된 모든 형태의 예술과 언어 표현이나 의미를 황폐화하고자 그들이 꾀한 기획, 가슴에 품은 욕망의 극단성은 기계화한 새로운 전투의 공포가 내몬 가치 위기의 직접적인 결과로 생겨났다.

프랑스 초현실주의자들에게도 비슷한 옹호론을 펼 수 있으니, 그들은 전쟁 직후 및 1920년대 가장 초기의 다다이즘 예술가들과 밀접한 관계를 맺고 있었기 때문이다. 앙드레 브르통 André Breton(1896~1966)은 초현실주의 집단의 대표였고, 그 시기의 많은 예술가와 지성인들과 마찬가지로 전쟁을 직접 경험한 사람이었다. 초현실주의는 낡은 문화 형태 및 의미 체계를 파괴시키고자 했다. 인간 경험을 변모시키고, 무의식적 욕구의 해방에 기초한 새로운 방식을 창조하기 위해서였다. 초현실주의 및 다다이즘 작품에서 일어나는 형태의 해체는 제1차 세계대전이 저지른 폭력의 특징인 형태(신체, 경치, 도시 풍경)의 파괴와 관련이 있다고 하겠다.

비릴리오는 20세기의 걸출한 아방가르드 운동가 중에서 제1차나 제2차 세계대전에 직접 참전한 예술가들의 명단을 작성했다.(Virilio and Baj 2003 : 47) 그는 현대 예술에서 형태에 가한 폭력은 무엇보다 신체 형태에 가한 폭력 또는 "신체의 고문 …… 신체 형태, 모든 신체의 고문"(Virilio and Baj 2003 : 47)이라고 주장한다. 20세기 상당 기간을 아우르는 특질인 전쟁과 살해의 기계화 속에서 극단으로 흐른 바로 이 신체에 대한 폭력이 20세기 예술에서 추상의 부상과 표상의 탈피를 설명하는 근거라는 것이다.

이 논변과 병행해서 비릴리오는 현대 영화의 발전이 예술 형식의 발전에, 특히 조형예술의 발전에 결정적인 영향을 끼쳤다고 내비친다. 이 책 3장에서 우리는 '소멸의 미학'이라는 그의 관념이 조각이나 그림과는 달리 영속하는 물질의 토대(예컨대, 돌이나 캔버스와 물감)가 전혀 없는 감각 형태를 만드는 영화의 생산 방식을 기술했다고 주장한 바 있다. 이 설명에 따르면, 필름 영상은 빛이 셀룰로이드를 통과하되, 영사기의 동력화된 메커니

즘을 순식간에 통과하는 순간 빛의 비물질성에서만 존재한다. 비릴리오의 말대로 예술이 인간의 체화란 감각 경험에서 생겨나는 매체라면, 예술 작품에서 이 물질적 내구력의 상실은 예술 표현의 속성에 영향을 미칠 수밖에 없다. 바꿔 말하면, 비릴리오가 표현하듯 "소멸의 미학은 미학의 소멸 가능성도 담고 있다".(Virilio and Baj 2003 : 25) 여기에 분명한 점은, 영화의 소멸 미학이 끼치는 더 넓은 문화적 영향(즉, 시각과 지각의 전체 구조에 미치는 영향)이 예술 생산의 영역 안에서도 감지된다는 것이다. 《예술과 공포》에서 비릴리오는 이를 다음과 같이 표현한다.

> **영사기**의 발명은 조형예술의 시간 통치 방식인 노출 *기간 duration of exposure*의 경험을 급격히 변경시켰다. 지난 세기에 **영화**라는 소멸의 미학이 이전의 천 년간 존재한 **정지된** 외관을 대체했다.(Virilio 2003b : 73)

강조하건대, 비릴리오는 예술 매체로서 영화의 가치를 무시하거나, 조각이나 회화가 솔직히 더 우월한 형태라고 시사한 적이 단 한 번도 없다. 오히려 그는 여러 저작에서 20세기에 활동한 영화제작자들(예를 들어 《소멸의 미학》에서) 아벨 강스 Abel Gance(1889~1981)와 르네 클레르 René Clair(1898~1981) 같은 초기 영화제작자, 《동력의 기술》에서) 마이클 파월 Michael Powell(1905~1990) 같은 제2차 세계대전 전후기의 제작자, 우리 시대의 캐나다 영화제작자 아톰 에고이안 Atom Egoyan(1960~)을 다루거나 언급했다.

더 나아가, 그는 영화가 소멸의 미학을 바탕으로 한 출현 appearance의 매체로서 예술 생산의 공간 내에서 다른 논리, 즉 예술과 전쟁에 대한 그의 설명을 밑받침하는 형상화나 형태나 추상 표현의 문제를 넘어서는 논리를 개시한다고 시사한다. 이 논리에 따르면 예술의 표상 기능, 즉 세계의 이미지를 재-현re-present하는 역량은 '현시presentation'란 특정 양식으로 대체된다.《시각 저 끝 너머의 예술》(Virilio 2005d)에서 비릴리오는 "작품의 실 공간 표상"을 "사건의 순전한 실시간 현시"와 대립시킨다.(Virilio 2005d : 107) 다른 곳에서는 "**표상** 예술의 종말"과 "**현시** 예술의 지배"를 암시하기도 한다.(Virilio 2003b : 35)

사실 그는 영화가 미적 경험의 한 양식을 창시하는데, 영화가 만들어 낸 영상 및 형태의 현시는 그 영상이나 형태가 표상할 수 있는 현실보다 우위에 서거나 그 현실을 더 가려서 보이지 않게 한다고 시사한다. 비릴리오는 덧붙여 영화가 창시한 이 바라보기viewing 양식이 20세기 후반에 등장하는 비디오 및 디지털 영상 표현 테크놀로지로 발전된다고 말한다. 이렇게 현시가 재현을 지배하는 사례는 추상예술에서 볼 수 있는데, 추상예술에서 예술의 형상화는 세계의 감각 형태들과 완전히 분리된다. 그 지배는 비디오 설치나 기타 현대 예술 기법에도 존재하는데, 거기서는 현실을 보여 주거나 표상하는 기능보다는 현시의 형식적인 측면이 미학 경험의 중심에 놓인다.(예를 들어, 공연 예술이나 기타 유형의 설치예술에서) 비릴리오가 보기에, 이 표상에서 현시로의 전환은 "기술 및 동력을 이용한 예술이, 영화가 그 벡

터요 운하가 된 조형예술에 끼친 영향"의 효과이다.(Virilio and Baj 2003 : 20)

현대 예술에 대한 이 설명을 밑받침하는 이중 관점, 즉 한편으로는 전쟁이, 다른 한편으로는 기술 및 동력을 이용한 매체가 끼친 영향은 비릴리오에게 예술이 더 추상적이 되어 형상화 및 표상 기법에서 더욱 벗어나게 되는 20세기의 전반적인 움직임을 설명하는 데 분명히 도움이 된다. 비릴리오가 보기에는 이 움직임이 여러모로 문제가 있다. 그가 단언하듯이 예술이 세계 속에 삽입되어 세계에 있는 예술가의 감각 체험에서 나온다면, 예술의 기술화와 이와 더불어 표상을 희생시킨 현시의 지배력 증대는 예술이 할 수 있는 일의 협소화, 곧 예술 영역 및 가능성의 제한을 나타낸다. 이 가능성의 협소화는 예술에 열려 있는 기법의 범위에서 명백히 드러난다. 한때 스테인드글라스 공예가이자, 앙리 마티스 및 조르주 브라크와 공동 작업을 한 적도 있는 비릴리오는 분명 예술의 기술화로 예술 기법의 다원성이 축소되지 않을까 걱정한다.

> 동력 예술은 비디오 및 디지털 예술을 통해 상당수의 표상 기법을 점진적으로 제거하는 데에 기여했다. 회화의 주제만이 아니라 그 기법도 공격을 받으며, 이는 그 밖의 판화 및 모든 생활예술의 기법에도 흔히 있는 일이다.(Virilio and Baj 2003 : 21)

그렇다면 그의 관심사는 가령 비디오 예술 자체를 비난하는 것이 아니라, 어떤 기법이 다른 기법을 희생시켜 우월한 지위를 누리며 '다원주의의 제거'를 유발하는 것은 아닌지 의문을 제기하는 것이다.(Virilio and Baj 2003 : 21) 그러나 다른 한편, 아마도 더 심각한 측면에서 현대 예술 내 가능성의 협소화는 예술이 더 넓은 세계, 곧 문화와 정치 및 사건의 세계와 유지하는 관계에서 분명히 드러난다. 예술 기법이 갈수록 더 제약받게 될지도 모르듯, 예술이 집단적 인간 경험의 차원을 비판적으로 다룰 수 있는 능력 역시 시간이 지날수록 제약받을지도 모른다고 비릴리오는 주장한다.

이 논변은 《예술과 공포》(Virilio 2003b)에 자세히 피력돼 있는데, 이 저작은 본래 2000년 'La Procédure silence'란 프랑스어 제목으로 출간되었다. 비릴리오도 지적했다시피 이 저작은 처음 프랑스에서 출간됐을 때 대단한 논쟁을 불러일으켰으며, 특히 프랑스 언론의 집중 포화를 맞았다. 이 프랑스어 제목은 영어로 번역하면 '재판 중인 예술'이 된다. 프랑스어 'procédure'는 소송 과정 내지 진행으로 해석되기 때문이다. 이런 의미에서 예술은 현대 세계가 제기하는 난제와 마주한 많은 현대 예술이 알게 모르게 자기를 검열하는 행위로 재판에 회부된다.

한편으로, 프랑스어 'procédure'가 착수한 과정이란 의미에서 진행 방법 내지 '절차'를 말하기도 한다는 점에 주목할 수도 있다. 여기에 어쩌면 의미 유희가 있을지 모른다. 예술은 침묵 내지 자기 검열의 절차를 따르며, 그러기에 재판에 회부된다. 예술이 그런 과오를 범할 잠재성은 많은 이들에게 아주 단순명

료한 정치 현실인 '**아무것도 말하지 않는 것은 동의의 표시**'(Virilio 2003b : 74)라는 속설이 밑받침한다. 비릴리오의 말에 따르면 현대 및 우리 시대 예술은 위험한 형태 해체에 집착하고 표상보다 현시를 선호하면서, 세계 경험이란 긴급한 현실에는 침묵해 버렸다. 비릴리오는 이를 다음과 같이 표현한다. "침묵의 절차에 희생된 우리 시대 예술은 지금까지 오랫동안 발산하고자, 달리 말해 **개념 전환**을 실행하고자 했다."(Virilio 2003b : 76)

예술은 세계와의 수렴을 모색하기보다 거의 계속해서 체계적으로 발산 전략을 추구했고, 그에 따라 조형과 구상 및 표상 형태는 끊임없는 변형과 개조를 당한다. 비릴리오에게 이것은 예술의 주된 책임을 방기하는 행위이거나 적어도 비판하고 대항하는 매체로서의 근본 가능성을 억압하는 행위이며, 이는 "우리 시대 예술은 소극적이며 쓸모없기까지 하다는 비난을 피할 수 없다"는 주장으로까지 확장된다.(Virilio 2003b : 93) 이 단언은 비릴리오가 우리 시대 예술에 관해 제기하는 격론의 급소에 해당한다. 이 격론은 우리 시대 예술계가 예술 기법의 잠재적 다양성을 대하는 태도에서 협소하고 은근히 권위적이며, 세계를 다루지도, 정치적·사회적 집단 경험의 긴급한 현실을 이해하거나 비판하거나 그에 대항하지도 못한다고 단언한다.

이렇듯 비릴리오는 우리 시대 예술이 그 책임 불이행으로 후기 산업자본주의의 매체문화와, 자본을 틀어쥔 엘리트들에게 권력과 부가 집중된 현상과 깊이 연루되어 있다고 본다. 이에 대해 그는 여러 가지 점에서 매우 직설적이다.

비디오 예술 이후로 줄곧 **개념 예술**CONCEPT ART 이야기를 들을 때면 반드시 예술 시장의 모든 말과 일 뒤에 감춰진 대중매체의 배경 소음을 듣는다.(Virilio 2003b : 77-8)

이른바 예술 시장의 인플레이션은 예술 표현보다는 다국적기업과 더 관련된 광란임이 분명하다.(Virilio and Baj 2003 : 15)

비릴리오가 보기에, 예술 시장은 상품화 또는 표준상품화를 하는 거대한 사업에 지나지 않는다. 이 상품화로 예술의 대상은 교환 가능한 상품으로 전락하여 전자화한 자본유통이 우리 시대 세계 시장을 지배하며 발생시키는 막대한 과잉 부의 재순환에 일조하게 되었다. 이를 잘 보여 주는 사례가 지난 세기를 마감하는 몇 십 년간 세계 예술 시장 발전에 찰스 사치Charles Saatchi가 한 역할일 것이다.

비릴리오는 사치를 좀 통렬하게 언급하며 "광고주가 나서면 누가 됐든지 간에 사진 한 장에 수백만 달러 하는 예술가로 변모시킬 수 있는"(Virilio and Baj 2003 : 15) 예술 시장의 상황을 지적한다. 그는 제프 쿤스Jeff Koons와 대미언 허스트Damien Hirst처럼, 사치가 흥행시켰으나 전문적인 예술 재능이란 없는(대체로 기성품이나 단체 작업장 건조물을 작업 대상으로 삼는) 사람들을 그 사례로 든다.(Virilio and Baj 2003 : 16)

이런 환경이 비릴리오가 '공식 예술official art'이라 특징짓는 예술을 만들어 냈다. 공식 예술이란 비교적 소수인 박물관 관장 및 사치 같은 개인 후원자에게 활동 범위를 감시받으며, 우리 시대 매체문화 및 세계 자본의 작용 원리에 깊숙이 뿌리박고 있는 예술 시장의 재정적 후원에 기대어 생존하는 예술이다. 바로 이러한 상황이 우리 시대 예술의 침묵을 형성하고 지탱하며, 예술에서 이의를 제기하고 대항할 수 있는 역량을 제거한다. 예술의 잠재력은 항상 "상대와 동지 간의 논쟁을 거치면서 예술의 생명 속에 유지되어 온" 것이었는데, 이제는 "합의, 복종 및 침묵 절차의 수립에 중심을 이루는 공식 예술"(Virilio and Baj 2003: 14)의 억압을 받는다. 우리의 마음에 들던 안 들던 간에, 예술은 현실 문제에 대항하지 않음으로써 그에 연루되고 결국 쓸모없게 되었다는 것이다.

예술 사고

앞에서 살펴보았듯이, 근래의 역사 발전 그리고 시각 및 조형예술의 현 상태에 대한 비릴리오의 담론은 격렬하고 거리낌이 없어 지나치게 부정적이고 한쪽에 치우쳤다고 반박 받을 여지가 크다. 예를 들어, 우리 시대 예술 내 기법의 범위가 그가 주장하는 만큼 협소하거나 제한적이 아니라며 반대할 수 있다.

예컨대 크리스 오필리Chris Offili(찰스 사치가 발굴한 영국의 젊은 화가-옮긴이) 작품의 탁월함은 비릴리오가 가끔 제안하는 방식으로 용인하는 형식의 작품 목록에서 회화가 완전히 삭제되지 않았음을 보여 준다. 또한 '동력 예술motorized art'에 대한 비릴리오의 대단히 비판적인 이해에서는 가까스로 감춘 테크놀로지 공포증이 드러나고, 이런 태도 때문에 근래 수십 년간 예술이 테크놀로지의 영향, 곧 테크놀로지가 경험과 지각 및 인간성의 의미(모두 비릴리오의 두드러진 관심사)에 끼치는 영향을 탐구해 온 방식을 충분히 다루지 못한다며 반대할 수도 있다.

여기서 다시 한 번 비릴리오가 20세기 및 21세기 현대성의 문화 및 정치 공간 내에서 테크놀로지 및 그 영향을 설명하면서 이러한 테크놀로지 공포증 의혹을 부인했음을, 도리어 자신은 테크놀로지에 비관적이지 않다고 주장했음을 상기해야 한다. 엔리코 바이와의 인터뷰에서 그는 이렇게 주장한다.

> 나는 전혀 비관적이지 않다. 나는 현실적이고자 하며, 20세기가 알베르트 카뮈 말마따나 무정한 세기로, **타이타닉**, 체르노빌, 아우슈비츠 및 히로시마의 세기였던 방식을 이해하고자 한다. 사람은 모름지기 비관적이 아닌 현실적이어야 한다.(Virilio and Baj 2003 : 36-7)

비릴리오는 1990년대 말과 2000년대 초 '사고事故(accident)' 이론을 전개했는데, 이는 테크놀로지 및 테크놀로지 혁신에 대한 그의 비판적 대응을 더 충분히 표명하기 위해서였다. 그는 자신의 전망과 분석이 과도한 비관주의나 테크놀로지 공포증을 특징으로 한다는 비난에 대응하려고 했는지도 모른다. 비록 그의 사고이론은 최근에 전개한 것이지만, 흥미롭게도 이것이 그의 예술 이해와 밀접하게 연결된다. 사실 그가 거의 지속적으로 사고이론을 설명하면서 예술에 대한 그의 관심도 커졌다.

비릴리오는 스스로 "테크놀로지의 예술비평가"(Armitage 2001 : 25) 혹은 "기술예술 비평가"(Virilio and Baj 2003 : 51)임을 자임했다. 이런 언급은 테크놀로지 및 테크노과학 세계관을 논하는 그의 질주학 담론 자체가 기술적이거나 사회적이지 않고, 정치과학자의 담론도 아닌 방식을 나타낸다. 오히려 바로 첫 장에서 시사했듯, 그의 관점은 관점 자체의 문제에, 세계를 보거나 지각하는 기본 방식에 대한 비판적 접근에 근거한다. 따라서 그의 관점은 과학보다는 예술과 공통점이 더 많을 것이다.

존 아미티지John Armitage와의 인터뷰에서 비릴리오는 "내가 노심초사 반대하는 대상은 테크놀로지 자체가 아니라 그 뒤에 있는 논리"라고 내비친다.(Armitage 2001 : 25) 그는 테크놀로지 논리의 감춰진 기본 전제가 사고事故의 존재와 그 필연적 발생이라고 주장한다. 비릴리오는 엔리코 바이와의 인터뷰에서 이 사고이론을 매우 간단명료하고 이해하기 쉬운 말로 요약한다. "사고事故가 따르지 않는 기술 발명이란 없다. 한 가지 기술을 발명할 때마다, 운송 기술이든 전송 기술이든 또는 정보 기술이든 특정한 사고가 생겨난다."(Virilio and Baj 2003 : 29)

그는 《최초의 사고The Original Accident》에서 이 발상을 더 발전시킨다. "난파선은 배의 …… 발명이고, 항공기 추락은 초음속기의 발명이며, 이는 바로 체르노빌이 원자력발전소의 발명인 것과 마찬가지다."(Virilio 2005c : 18) 그는 같은 저작의 다른 곳에서 이렇게 덧붙인다. "기차의 발명은 탈선 사고를 발명하는 것이다. 국산 차의 발명은 도로 위의 연쇄 충돌을 생산하는 것이다." (Virilio 2005c : 27)

비릴리오가 이 사고이론으로 시사하는 바는, 테크놀로지의 진보를 그저 단순히 긍정적으로만 말해서는 안 된다는 것이다. 전통적인 진보 이념이라면 기술 발달의 역사가 점증 향상이라는 피할 수 없는 논리에 응한다고 말할 것이다. 이 논리에 따라 인간은 자연 세계를 통제하고 특히 인간의 목표와 열망(예컨대 부의 증대나 건강 증진, 수명 연장)에 부응하고자 갈수록 더 능률적인 도구를 개발한다. 비릴리오는 그런 이념이 20세기의 기술 발전과 함께 찾아온 대재앙 사건에 부딪혀 비현실적이거나 더 정확히는 지탱 불가능하게 되었다고 시사한다.

그는 테크놀로지에 접근하는 방법에서 단순히 이 진보 이념의 표현을 거꾸로 뒤집어서 모든 기술 발전을 부정적으로 보이도록 하려는 게 아니다. 비릴리오의 주장은, 혁신을 긍정적으로만 보려는 습성 때문에 우리가 그 부정적인 양상을 보지 못한다는 것이다. 그의 사고이론과 저작은 우리의 성공 뒤에 숨겨진 진실을 알아채려는 시도, 이른바 **'우발적인 폭로**ACCIDENTAL REVELATION'이긴 하나 "결코 종말론적이지는 않을" 폭로를 말하려는 시도이다.(Virilio 2005c : 28) 테크놀로지의 성공과 함께 따라오는 것이 테크놀로지의 실패, 곧 사고의 불가피성이며, 이에 비릴리오는 "앞으로 **사고 적발**EXPOSING THE ACCIDENT이 피할 수 없는 필연임"을 천명하기에 이른다.(Virilio 2005c : 28)

그렇다면 사고이론을 통해 비릴리오가 목표하는 바는, 그의 저작 다른 곳에서 그러하듯 부정하기나 비관하기가 아닌 우리가 집단적으로 긍정적인 말로 판단을 내리기 쉬운 현상 뒤에 숨겨진 부정성을 들추어내기다. 부정하는 행위와 숨은 부정성을 폭로하는 행위가 별반 달라 보이지 않을 사람도 있겠지만, 비릴리오에게는 단연코 다르다. 그의 저작은, 세상을 보는 용인된 시각의 폭로 내지 적발, 또는 그에 대한 이의 제기를 목표로 하느니만큼, 그가 예술 및 예술 작품이 가졌다고 보는 논리와 비슷한 논리에 따른다. 비릴리오의 저술은 테크놀로지 및 테크노과학의 문제와 현대 테크놀로지가 가져온 가속화 문화에 큰 관심을 쏟지만, 예술과 과학을 구별하는 한편 저작을 과학보다는 예술에 맞추어 나가려고 한다. 바로 이 맥락에서 그가 '예술의 사고the accident of art'를 말하게 되고, 사고이론과 고유의 예술 담론이 어우러진다.

무엇보다 예술은 과학이나 테크노과학이 아니다. 예술과 과학, 이 둘은 별개다. 그런데 예술의 사고accident가 있는가? 그렇다, 예술의 사고는 표상이다. 세상을 다르게 바라보게 되는 것이다. …… 예술가는 세계를 보는 새로운 시각으로 현실을 창조하는 사람이다. 이 경우에 사고는 하나의 시각을 대체한 다른 시각으로 구성된다. 예술은 세계를 보는 우리의 시각을 새로이 하는 것이다.(Virilio and Baj 2003 : 30-1)

'예술의 사고'라는 관념은, 예술이 비판하고 대항하는 표현 매체라는 비릴리오의 소신을 재차 표명한다. 그러나 비판하고 대항하는 예술의 몸짓은 단순히 기존 형태의 파괴나 의문시, 부정이 아니다. 이 몸짓은 예술을 어떤 특정하거나 강령에 따른 대항 정치나 이념과도 결부시키지도 않는다. 그 대신에 이 대항의 몸짓은 창조와 갱신이라는 긍정의 힘을 지닌다. 이 예술적 표현 기법들로 인해 끝장나거나 실패하거나 망하는 것은 기존의 용인된 사유 및 보기 방식이다. 비릴리오에게 비판하거나 '사고를 치는' 예술의 기능은 예술적 표현 기법들(예컨대, 회화 및 조각 기법이나 글쓰기 기법)이 결합해 세계를 색다르게 보여 주거나 드러내는 것이다. 비판 없는 예술이 없고 예술 없는 비판은 없거나, 비릴리오의 표현대로 "예술가라는 사람이 동시에 비평가가 아니며 자신이 하는 일을 비평할 줄 모른다면 예술가일 리 없다. 내게, 내 모든 저작에서 나는 기술예술의 비평가이다".(Virilio and Baj 2003 : 51)

이 지점에서 현대 예술과 그 침묵, 그리고 '예술의 사고'에 대한 비릴리오의 담론은 우리가 이 책 처음 몇 장에서 시작한 논점으로 돌아가는 듯 보인다. 거기서 우리는 그의 저술은 그가 화가로 활동하면서 얻는 통찰과 관련지어 이해할 필요가 있으며, 부정적 혹은 비관적이라기보다 비판적인 그의 관점은 지각의 정치politics of perception를 다루려는 시도에서 나온다고 주장했다. 비릴리오는 약 30년간 20여 권의 저작과 훨씬 더 많은 논문을 출간했는데, 이 기간 동안 그의 저술은 20세기와 21세기 초에 일어난 테크놀로지의 변화가 우리의 이해에 제기하는 이의에 절박하게 대응하려 했다. 그의 저술은 격론과 도발을 펼치고, 때로는 되는대로 또는 임시변통으로 보일 수 있는 방식으로 생각을 전개한다. 그러나 앞선 여러 장에서 명백히 알 수 있었듯이, 겉보기에는 되는대로 개진하는 듯한 이 방식에는 비판적 사유의 기저에 깔린 연속성과 이론적 내지 '질주학적' 접근의 일관성이 깃들어 있다. 비릴리오는 자신의 담론을 예술의 관점에 맞추면서 사회 분석이나 정치과학의 체계적인 방식을 피한다. 그가 그렇게 하는 것은 기본 철학적·개념적 차원에서 작용하는 비평 작업을 수행하기 위해서다. 《최초의 사고》에서 그는 "21세기 벽두에 '지성의 위기에 대한 이해'가 시급함"이 드러났다고 단언한다.(Virilio 2005c : 19)

비릴리오는 우리가 기술 발명 능력의 한계를 받아들이고, 인류 진보 및 테크놀로지 혁신의 무한함에 보내는 신뢰를 철저히 재고해야 한다고 주장한다. 우리에게 필요한 것은, 다름 아닌 '탈공업화 시대의 **종말론**ESCHATOLOGY 철학'이다.(Virilio 2005c : 19)

인류의 운명에 관해 우리가 물려받은 믿음 체계, 곧 비릴리오가 말하는 '종말론'으로는 우리 테크놀로지의 현재나 미래에 중요할 수도 있을 논점을 충분히 이해하기 어렵다. 인류의 운명을 끊임없이 테크놀로지의 진보가 이루어지거나 지구 공간과 그 자원에 대한 기술적 지배가 커져 나가는 식으로 경솔히 가정하면, 지난 백 년 동안 그 많은 재난과 두 차례의 세계대전, 아우슈비츠, 히로시마와 나가사키, 체르노빌 및 기타 테크놀로지의 혁신력으로 그 파국의 크기가 결정된 셀 수 없는 사건으로 드러난 테크놀로지 발전의 부정성을 결코 이해하거나 받아들이지 못할 것이다.

이는 적어도 비릴리오가 테크놀로지의 예술비평가로서 우리에게 주는 경고이다. 예술의 사고, 곧 세계를 보는 우리 시각을 새로이 하는 예술의 힘은 그의 저술 전체에서 테크놀로지와 관련한 사고의 필연과 불가피를 이해하고 그에 철학적으로 대응하는 수단으로 작용한다.

예술은 테크놀로지에 대항해야 한다

비릴리오는 예술의 창조성이 예술가의 체화한 감각적 세계 경험에 뿌리를 둔다고 본다. 그 결과, 그는 표현 매체로서 예술은 모름지기 세계 현실의 표상으로 분주해야 하고, 예술에는 비판하고 대항하는 기능이 있다고 믿는다. 예술은 마땅히 세계를 바라보는 용인된 방식에 이의를 제기하고 그 시각을 새로이 해야 한다. 현대 및 우리 시대 예술에 대한 비릴리오의 설명 자체는 비판적이고 대항적이다. 그는 20세기 예술에서 형태의 해체와 갈수록 세를 얻고 있는 추상화 경향을 두 차례의 세계대전이 개별 및 집단 예술 경험에 끼친 영향과 관련시킨다. 또한 예술의 표상 기능 축소를, 현대 시각 매체(영화, 비디오, 디지털 사진술)가 물질적 존재의 공간 영역을 줄이고 그 대신 영상 노출이나 현시의 시간 영역을 늘이는 추세의 결과로 본다. 이런 맥락에서 현대 예술과 우리 시대 예술은 본질적으로 대항하지 않으며 실제 세계의 현실 및 정치와는 동떨어진 형태로 등장한다. 여기서 비릴리오는 '예술 사고accident of art', 곧 예술 표현이 세계를 보는 용인된 방식을 뒤집어 색다른 형태의 시각을 창조하는 방식을 천명한다. 그에게 예술 사고란 우리가 테크놀로지 이념에 다르게 대응하고, 기술 발명의 숨겨진 부정성이 테크놀로지 사고가 필연이며 피할 수 없는 의미임을 이해할 수 있게 하는 것이다.

비릴리오 이후

Paul
Virilio

전쟁이론과 국제정치학

비릴리오 저술의 영역이 폭넓음을 감안하면 그의 저작이 수많은 분야에서 영향력을 발휘했다는 것이 전혀 놀랄 일이 아니다. 그는 전쟁 및 국제관계이론 분야에서 영향을 끼쳤다. 그는 매체와 사회이론 영역에서 점차 의미 있는 영향력을 발휘했으며, 도시계획 및 생태정치 사유에서 최근 이루어진 진전에도 그의 사유가 영향을 미쳤다. 실베레 로트링거와 대담한 내용을 묶은 《순수전쟁》은 비릴리오의 저술을 영어권 독자들에게 소개하는 데 가장 큰 역할을 했을 것이다. 그 결과, 그의 존재를 영어권에서 처음 느낀 분야가 전쟁이론과 국제정치학 영역이다.

'국제/텍스트 간 관계International/Intertextual Relations'라는 제목의 에세이 모음집에 실린 1986년의 짧은 단편에서 마이클 샤피로 Michael Shapiro는 '국제적 위험의 현대 텍스트'(Der Derian and Shapiro 1986 : 20)를 분석하는 데 《순수전쟁》(Virilio and Lotringer 1997)을 인

용한다. 순수전쟁은 전반적인 불안정화(핵 억지력)에 기초한 군사 전략으로도, 국가들로 이루어진 전 세계 테크노과학 조직에 대한 비유로도 이해할 수 있음을 기억할 것이다. 샤피로의 설명에 따르면, 비릴리오가 정교하게 다듬은 순수전쟁은 "국제적 위험의 생산에 대한 정치적 관점의 종언"(Der Derian and Shapiro 1986 : 20)을 이해하는 데 핵심적인 개념적 도구를 제공한다. 여기서 순수전쟁의 논리로 구체화된 테크노과학 세계관은 우리 시대 정치 사망의 근본 원인으로 제시된다.

비릴리오의 저술을 이용해 전쟁과 국제 안보, 국제 관계에 대한 새로운 사유 방식을 표명하는 경향은 제임스 데어 데리안 James Der Derian의 주장에서 더 크게 드러났다.(Der Derian 1992, 2001) 영향력 있는 1992년작 《반외교Antidiplomacy》에서 데어 데리안은, 비릴리오가 "거의 단독으로 속도 문제를 사회 및 정치이론에 다시 끌어들였다"(Der Derian 1992 : 130)고 주장한다. 여기서 로트링거와의 대담집인 《순수전쟁》이 다시 한 번 인용되면서, 순수전쟁 개념이 데어 데리안의 분석에서 핵심 역할을 한다. 예를 들어 그는 "테러리즘이 [순수전쟁의] 가장 악독한 표출로 나타났다"(Der Derian 1992 : 115)고 주장한다. 또한 비릴리오를 읽으면 안보 및 국제 관계에 관한 전략적 장의 변모 방식을 더 깊이 이해할 수 있다면서, 특히 시간이 공간을 대체하는 현상이 이 변모의 핵심 요소라고 규명한다.

이어 나온 에세이에서 데어 데리안은 국제 관계에서 사실주의 이론을 재해석한다. 사실주의는 1948년 한스 모르겐타우Hans

Morgenthau가 《국가 간 정치Politics Among Nations》(Morgenthau 1993)에서 국제관계이론으로 처음 다듬었고, 이를 케네스 왈츠Kenneth Waltz가 1979년작 《국제정치학 이론Theory of International Politics》(Waltz 1979)에서 '신사실주의' 형태로 발전시켰다. 대체로 국제정치에 사실주의적 접근법은 국가 간 관계를 힘의 측면에서 정의되는 이해 다툼의 함수로 본다. 정치학 내에서는 합리적 질서 관념을 강조하기도 한다. 데어 데리안은 비릴리오를 언급하며 "사실주의의 질주학이 꼭 필요하다"고 천명한다. 그리고 다시 한 번 "세계 정치에서 공간성보다 시간성의 우세"로 인해 국제관계이론의 기본 학설을 재고해야 한다고 주장한다.(Der Derian 1995 : 369)

국제관계이론가로서 데어 데리안은 우리 시대 프랑스 사상의 영역에서 끌어낸 기타 주요 개념과 함께 질주학을 통해 "사실주의를 재해석할 신해체 도구*와* 반외교 전략"을 마련할 수 있다고 주장한다.(Der Derian 1995 : 369-70) 우리 시대 안보와 국제 정치 문제를 분석하고자 비릴리오를 끌어들인 이론가는 데어 데리안만이 아니다. 스티븐 베스트Stephen Best와 더글러스 켈너Douglas Kellner는 공저인 《탈현대의 모험The Postmodern Adventure》에서 비릴리오의 분석에 의지해 탈현대 전쟁에 대한 이해를 도모한다. 그들은 특히 "페르시아 만에서 일어난 TV전쟁의 탈현대 특성을 밝히"고자 비릴리오를 읽는다.(Best and Kellner 2001 : 73) 이들의 분석은 현대 테크놀로지의 속도 증대와 우리 시대 군사무기 체계가 낳은 파괴 속도 증가에 대한 비릴리오의 비평을 중심으로 한다. 비릴리오가 현대 전쟁기계를 "테크놀로지 성장의 조물주"로 본다는 점에서 베스트와 켈너는 비릴리오 덕분에 우리가 기술 혁신의 부정적 잠재력을 고려하게 되었다고 주장한다.(Best and Kellner 2001 : 89)

매체 및 사회이론

매체 및 사회이론 분야에서는 비릴리오의 저작을 이용해 사진술과 영화, 디지털 매체 같은 테크놀로지 발전이 가져온 현대문화의 변모를 이해하려 했다. 《현대성의 시각 Visions of Modernity》(1998)에서 스콧 맥콰이어 Scott McQuire는 19세기 말부터 줄곧 사진술이 지각 및 인지 양식과 지식 체계에 끼친 영향을 이론적·역사적으로 확대하여 설명한다. 맥콰이어는 광범위한 이론 자료를 인용하지만, 비릴리오의 '지각의 병참학' 개념이 그의 저작에서 결정적인 역할을 한다. 특히 20세기 초에 영화가 가져온 지각 양식의 변모에 대한 분석에 그 개념이 깃들어 있다.

맥콰이어는 영화가 "단지 다른 지각만이 아니라 체화한 지각의 *반대 지각*도 생산한다"(McQuire 1998 : 80)고 주장한다. 이는 분명 비릴리오의 '소멸의 미학'과 원격현전 설명을 떠올리게 한다. 맥콰이어는 비릴리오를 바짝 따르면서, 영화 관객이 "공간과 시간에 묶였던 밧줄을 풀고 자유롭게 여러 세계를 배회한다. …… 그러나 어쩌면 모든 집을 잃을 위험이 있으니, 지금 여기가 아무 데도 없는 곳의 무한한 이송에 표류하기 때문이다"

(McQuire 1998 : 91)라고 주장한다. 맥콰이어는 텔레비전 및 '텔레비전의 지각 병참학'에 대한 설명도 비릴리오를 따라간다. '텔레비전의 현재'는 지속 기간이란 역사의 시간보다는 찰나성을 우위에 놓고 집단 기억상실을 불러일으키며, 숙고한 끝의 반향과 판단을 억누르는 시간이다.(McQuire 1998 : 129-30)

현대의 방송 매체가 가져온 경험의 가상화에 대한 비릴리오의 설명도 사회이론가인 션 큐비트Sean Cubitt의 저작에서 다루어진다. 큐비트는 1998년작 《디지털 미학Digital Aesthetics》에서 비릴리오를 인용한다. 우리 시대의 생활에서 '가상의 무한함'이 신성함의 자리를 차지했고, 이것이 우리의 집단적 시간 경험에서 급격한 변화를 가져와 '미래의 외부 팽창'을 '현재의 비물질화한 내부 팽창'으로 바꾸었다고 주장한다.(Cubitt 1998 : 84)

큐비트의 2001년작 《모의실험과 사회이론Simulation and Social Theory》에서는 비릴리오의 논의가 훨씬 더 큰 자리를 차지한다. 여기서 큐비트는 비릴리오로 인해 우리가 현대의 사회 형태에서 시각의 전자 매개가 '진실의 무게, 질량, 부피 및 깊이 폐지'와 '인간성 내파implosion'로 이끄는 방식을 이해할 수 있게 되었다고 주장한다.(Cubitt 2001 : 61, 64) 비릴리오의 사유 덕분에 현대 매체가 일으킨 경험의 가상화뿐만 아니라, 가상화가 주관성에 끼치는 영향을 통찰하게 되었다는 말이다.(Cubitt 2001 : 79)

도시계획과 환경

현대 생활의 가상화 설명에서 비릴리오는 공간 경험이 약해지는 대신에 갈수록 우세해지는 시간 차원을 기술하는데, 이는 당연히 도시계획 전문가와 환경 사상가들에게 흥미로운 대목이다. 에세이 모음집 《공간의 상형문자The Hieroglyphs of Space》(Leach 2002)에서 사라 채플린Sarah Chaplin과 에릭 홀딩Eric Holding은 비릴리오의 관심사가 "새로운 시각적·공간적 도시 분석의 핵심을 강타한다"고 말한다.(Leach 2002 : 187) 그들은 '탈도시post-urban' 경험에 대한 비판적 이해를 정교하게 다듬는 데 비릴리오가 이론적 관점을 제공해 줄 수 있다고 주장한다.

《탈구조주의 사상의 환경The Environment in Poststructuralist Thought》에서 베레나 앤더마트 콘리Verena Andermatt Conley는 비릴리오에게 의지하여 "측정되는 시공의 붕괴 이후"(Conley 1997 : 84) 우리 시대 생명이 존재하는 방식을 이해하려 한다. 콘리는 이를 환경 내지 생태정치의 사유 가능성과 관련시킨다. 콘리는 생태투쟁 관념이 늘 비릴리오 저작의 중심 관심사였다고 지적한다.(Conley 1997 : 80) 실제 비릴리오의 저술은 우리로 하여금 공간 경험과 주관성 양식의 변모를 비판적으로 생각하고, 생태 및 환경정치 분야에서 특정 요구를 표명하는 데 도움을 준다. 특히 콘리는 비릴리오의 사유가 "장소가 한정된 공간, 실제 경험, 공유 담론에 기억의 재확립"(Conley 1997 : 87) 요구의 근거가 될 수 있다고 말한다.

예술비평과 영화학, 테크놀로지 철학

비릴리오의 저작을 주제로 다룬 학문 영역은 이처럼 다양하지만, 정작 그의 사상이 중요한 기여를 할 가능성이 큰데 아직 의미 있는 영향을 끼치지 못한 분야들이 있다. 여기에는 예술비평과 영화학 영역이 들어갈 수 있다.(예를 들어, 비릴리오는 캐나다 영화제작자인 아톰 에고이안의 작품을 분석하는 책에 중요하게 기여했다.(Desbarats et al. 1993))

무엇보다 비릴리오의 사유가 장차 테크놀로지 철학에 기여할 풍부한 자료를 계속 제공하리란 것은 자명하다. 그의 입장은 후설과 메를로 퐁티의 현상학 사상과 밀접히 관련돼 있기는 해도, 현상학 및 현상학적 현전이란 그 핵심 개념을 넘어서 온 비판철학 사상에도 여전히 흥미로운 논쟁거리다. 프랑스 철학자 베르나르 스티글러Bernard Stiegler가 1990년대와 2000년대 초반에 펴낸 기술과 시간에 관한 저작이 이를 입증한다.(Stiegler 1994, 1996, 2001)

스티글러의 '기술과 시간' 3부작(총 다섯 권으로 꾸려질)은 우리 시대 프랑스 철학에서 일대 사건으로 평가받는다. 이 저작들은 고고학자이자 인류학자인 앙드레 르로이 구랑André Leroi-Gourhan(1911~1986) 같은 20세기 주요 인물과 질베르 시몽동Gilbert Simondon(1926~1987) 같은 테크놀로지 사상가의 저작에 의지한다. 스티글러의 책은 또 시간성 문제와 관련해 후설과 하이데거의 테크놀로지 사유에 대해 대략 데리다 식의 해체적 설명을 하기도 한다. 스티글러의 저작은 인간의 경험에는 처음부터 기술 생활이 속속들이 배어 있다고 시사한다는 점에서 고전 현상학의 관점을 확고히 넘어선다. 그럼에도 비릴리오는 스티글러에게 결정적인 영향을 미치니, 스티글러는 우리 시대 문화가 기억의 산업화 과정을 겪고, 이것이 우리의 경험 및 사건의 전개 방식을 바꾼다고 주장하기 때문이다. 그는 이 과정을, 자료를 실시간으로 전송하여 이전에는 글쓰기 기법이 밑받침했던 문화 과정을 단축시키도록 작용할 수 있는 직접 통신 양식의 확산과 관련짓는다.(예시는 Stiegler 1996 : 17 참조)

이 책을 시작한 첫 장에서는 아서 크로커 작 《귀신 들린 개인들》에 나오는 "우리 시대의 프랑스 사상은 테크놀로지 사회에 대한 창조적이고 역동적이며 대단히 독창적인 설명들로 이루어진다"(Kroker 1992 : 2)는 그의 해설을 인용한 바 있다.(Kroker 1992 : 2) 기술 문제를 철학적으로 다룬 스티글러의 저작은 테크놀로지 문제가 현대 프랑스 사상의 핵심 측면에 속속들이 스며들어 있음을 더 분명히 보여 주었다. 스티글러 같은 사상가들에게 질주학이 미친 영향은, 근래 및 우리 시대 프랑스 철학이라는 더 넓은 영역에서 비릴리오가 차지하는 중요성을 더 집중적으로 보여 준다. 이는 또한 비릴리오 저술의 관심이 결코 현상학의 현전이란 관념에 대한 애착과 지각 경험의 즉각성 상실에 대한 애도나 향수에 국한되지 않음을 보여 준다. 실제로 지각 경험의 즉각성은 탈산업사회 문화에 속속들이 스며드는 테크놀로지로 인해 쇠퇴 과정을 겪을지도 모른다. 이것이 어쩔 수 없는 부정적인 현상인지의 여부는 여기서 결정할 수 없으며, 이는 앞으로도 비판적이고 철학적인 논쟁의 주제로 남을 것이다.

여기서 핵심은, 비릴리오의 저술이 테크놀로지의 현대성techno-logical modernity이 지닌 본성에 대해 과거 공공연하게 순환되던 기술관료적 담론과는 전혀 다른 관점을 열었다는 점이다. 이 책 앞에서 언급했듯, 비릴리오의 저작은 도발과 격론을 유발했다. 그의 저작은 용인된 담론과 습관적으로 세계를 바라보는 방식의 분쇄를 목표로 한다. 지각의 정치학에 대한 근본적 관심에 뿌리를 둔 비릴리오의 저술은 테크놀로지를 핵심 주제로 삼는데, 이는 우리 집단 경험의 지평을 확대하고 그 지평이 구조화되고 조직되는 방식에 의문을 제기하기 위함이다. 이런 점에서 비릴리오는 여전히 테크놀로지의 속성과 테크놀로지가 인간 지각과 경험에 끼치는 영향에 관한 미래의 비판적이고 철학적인 토론에 필요불가결한 준거점이 분명하다.

| 역사와 미래 |

무엇보다 비릴리오의 저작은 우리가 공유한 역사의 속성과, 우리 시대 문화, 그리고 탈산업사회가 택할 미래 방향에 대한 기본 질문을 다룰 수 있게 한다. 지난 세기 동안, 특히 20~30년 간 인간 사회에 일어난 일에 대해 근본적인 질문을 던질 때 이제는 질주학, 가상화, 원격현전, 순수전쟁 등의 개념들을 사용해 비릴리오 이전에는 가능하지 않았던 여러 방식으로 비판적 사고를 할 수 있게 되었다.

테크놀로지의 변화는 전통적 개념이 그 변화를 설명할 수 있는 능력을 앞지르는 속도로 일어나고 있다. 현실이 그렇다면 이 급속한 변화를 설명할 수 있는 새로운 개념이 근본적으로 중요하다. 마찬가지로 우리의 사회 및 정치 또한 우리의 기존 지식 형태로는 이해할 수 없는 속도로 변모할지 모른다. 비릴리오가 진전시킨 혁신적인 비판적 사유를, 우리 시대의 세계와 그 미래 발전을 이해하는 필요불가결한 방편으로 보는 이유이다.

사실 비릴리오의 저작은 과거나 현재만큼이나 미래를 지향한다. 그것은 '탈산업 종말론'을 사유하고자 하는 어떠한 시도에도 풍부한 자료를 제공한다. 그의 저작은 인류의 운명이 어떤 것일지를 근본적으로 재사유하는 방식을 제안한다. 비릴리오 이후, 테크놀로지의 목적과 테크놀로지 사회의 목표는 도발적으로 긴급하게 의심을 받기에 이르렀다.

비릴리오의 모든 것

Paul Virilio

책으로 나온 비릴리오의 저작은 거의 모두 영어로 번역되었다. 여기에 놀라운 예외가 그의 두 번째 주요 출판물로 1976년에 처음 발간된 《영토의 불안전성》이다. 그의 최근작 중에도 본 책을 집필하는 시점에 아직 영역본으로 나오지 않는 것이 몇 편 있다.(본 책은 2007년에 출간되었다.) 이렇게 영어로 번역되지 않은 텍스트만 프랑스어 제목으로 목록에 실었다. 다른 참고목록은 모두 영어판으로 실었다. 본 책 전체에서 인용된 비릴리오의 영어 번역은 수정을 한 것이다.

처음으로 비릴리오를 찾는 이들에게 가장 좋은 저작은 1984년 프랑스어 원전으로 출간된 《부정의 지평》이다. 이 저작은 지각, 공간 건설, 질주학, 매체 및 전쟁에 관한 그의 관심사를 총망라하여 다룬다. 지각, 현대 매체, 경험의 가상화에 대한 비릴리오의 설명에 주로 관심이 있는 사람들은 그 다음에 《잃어버린 차원》, 《극의 관성》 및 《시각기계》를 읽으면 좋다. 전쟁과 정치에 관심 있다면 《벙커의 고고학》, 《속도와 정치》 또는 《인민 방어와 생태 투쟁》 같은 초기작을, 그 다음에 《사막의 스크린》, 《기만 전략》 같은 이후 저작으로 나아가는 게 좋다. 비릴리오가 현대 전자 및 디지털 매체에 관해 설명한 저서로 더 나아가고 싶다면 《정보과학의 폭탄》과 《열린 하늘》을 추천한다. 비릴리오는 생각나는 대로 자유롭게, 곧잘 파편적으로 쓰고, 그의 통찰과 논변은 축적 과정을 거쳐 이루어지기 때문에, 그의 저술을 읽으며 특정 텍스트에 대한 의존을 피하려면 가능한 한 많은 저작을 읽는 게 바람직하다. 비릴리오의 프랑스어 및 영어 저서와 에세이를 더 많이 담고 있는 저작 목록은 아미티지(Armitage 2001 : 202-11) 참고.

| 비릴리오가 쓴 텍스트 |

1986

《Speed and Politics》, trans. M. Polizzotti, New York : Semiotext(e).(한글판 《속도와 정치》)
1977년 출간된 비릴리오의 첫 저작으로, 역사를 통틀어 속도가 정치에 끼친 영향을 고찰하는 내용이므로 비릴리오를 이해하는 첫걸음으로 적당하다.

1989

《War and Cinema》, trans. P. Camiller, London : Verso.(한글판 《전쟁과 영화》)
제1차 세계대전 이후로 전쟁 수행에서 두드러진 사진 및 영화 촬영 테크놀로지의 상호 관계를 고찰한다.

1990

《Popular Defense and Ecological Struggles》, trans. M. Polizzotti, New York : Semiotext(e).
여기서 비릴리오는 전투 및 군사 공간의 기원을 다루고, 사회 공간과 정치투쟁이 속도의 벡터와 운송 양식으로 결정되는 방식을 고찰한다.

1991

《The Lost Dimension》, trans. D. Moshenberg, New York : Semiotext(e).

1984년 'L'Espace critique'라는 제목으로 처음 출간된 이 책은, 현대 운송과 통신이 가져온 공간 변형을 다룬 비릴리오의 주요 저작이다.

《The Aesthetics of Disappearance》, trans. P. Beitchman, New York : Semiotext(e).(한글판 《소멸의 미학》)

1980년에 첫 출간된 이 저작은 비릴리오 사유에 '소멸의 미학'이라는 핵심 관념을 처음 도입했다. 특히 영화가 가져온 지각 양식의 변모를 설명한다.

1993

《L'Insécurité du territoire》, second edition, Paris : Galilée.

비릴리오의 《벙커의 고고학》 분석을 확대하고, '총력평화' 같은 핵심 정치 개념을 전개한다.

1994

《Bunker Archeology》, trans. G. Collins, New York : Prinston Architectural Press.

직접 소장하고 있던 제2차 세계대전 때 대서양 연안에 만들어진 벙커 사진을 가지고 군사 공간과 정치 공간의 관계를 분석한다.

《The Vision Machine》, trans. J. Rose, London : British Film Institute.
현대 시각 매체가 개인 지각과 집단 경험에 끼치는 영향에 관한 설명을 확대한다.

1995

《The Art of the Motor》, trans. J. Rose, Minneapolis MN : University of Minnesota Press.(한글판 《동력의 기술》)
현대 시각 매체가 지각과 미적 형태에 끼치는 영향을 설명한다.

1997

《Open Sky》, trans. J. Rose, London : Verso.
현대 매체 및 그것이 공간 조직과 경험의 가상화에 끼치는 영향에 대한 설명을 이어 간다.

2000

《The Information of Bomb》, trans. C. Turner, London : Verso.(한글판 《정보과학의 폭탄》)
디지털 매체 및 통신이 사회 형태에 끼치는 영향에 대한 설명을 확대한다.

《A Landscape of Events》, trans. J. Rose, Cambridge MA : MIT Press.

이 저작에서 비릴리오는 현대 기술이 사건의 발생 및 역사의 시간성 전개 방식을 바꾸었다고 주장한다.

《Strategy of Deception》, trans. C. Turner, London : Verso.
《사막의 스크린》에서 처음 전개한 우리 시대의 전투 설명을 확대한다.

《Polar Inertia》, trans. P. Camiller, London : Saga.
비릴리오가 '빛시간light-time' 같은 개념을 도입한 주요 저작으로, 여기서 현대의 속도 및 전자적 바라보기electronic viewing 테크놀로지가 우리를 부동과 감금 상태로 전락시킬 위험이 있다고 주장한다.

2002

《Ground Zero》, trans. C. Turner, London : Verso.
시간정치, 우리 시대의 전투, 기술관료 문화 및 사회조직에 대한 설명을 확대한다.

2003

《Unknown Quantity》, London : Thames and Hudson.
파리 까르티에 재단에서 개최한 전시회의 소책자로, 비릴리오가 직접 개진한 사고accident이론이 실려 있다.

《Art and Fear》, trans. J. Rose, London : Continuum.
우리 시대의 예술 상태에 대한 격론을 확대한다.

2005

《Negative Horizon》, trans. M. Degener, London : Continuum.
비릴리오의 주요 저작으로, 그가 사유하는 모든 주제와 관심사가 전개된다.

《City of Panic》, trans. J. Rose, Oxford : Berg.
현대식 전투와 '정보전'에 대한 비평을 계속하며, 전 세계 전략 공간과 속도가 공간 생태에 끼치는 영향에 대한 사유를 더 깊이 전개한다.

《L'Accident originel》, Paris : Galilée.
여기서 사고이론이 더 깊이 전개된다.

《L'Art à perte de vue》, Paris : Galilée.(한글판 《시각 저 끝 너머의 예술》)
한 권으로 묶어 낸 이 책에서 비릴리오는 우리 시대 예술에 대한 고찰을 계속한다.

《Desert Screen : War at the Speed of Light》, trans. M. Degener, London : Continuum.
제1차 걸프전에 대한 비릴리오의 획기적인 비평으로, 탈근대 전투에 대한 비평 분석으로 평가된다.

공동 저작

1996

Virilio, P. and Parent, C. 《Architecture Principe 1966 et 1996》, Paris : Éditions de l'imprimeur.

1960년대 비릴리오가 클로드 파랭과 공동 집필하여 발행한 이 아방가르드 건축 잡지 전체를 모아 엮은 책. 해당 비평지의 작업에 대한 회고적 전망을 제시하는 자료도 들어 있다.

1999

Virilio, P. and Parent, C. 《The Function of the Oblique : The Architecture of Claude Parent and Paul Virilio 1963-1969》, trans. P. Johnston, London : Architectural Association.

비릴리오가 파랭과의 공동 집필에서 발전시킨 이론적 관점에 대한 설명서.

| 비릴리오 대담집 |

비릴리오는 대담을 아주 많이 하는 사람이다. 다음 목록은 비릴리오가 한 대담을 책으로 엮은 것들이다. 프랑스어와 영어로 된 비릴리오 대담집의 전체 목록은 아미티지의 《비릴리오를 찾아가다 Virilio Live》 참고.(Armitage 2001 : 205-6, 209-11)

Armitage, J. (2001) 《Virilio Live : Selected Interviews》, London : Saga.
여러 질문자와 대담한 내용을 모은 책.

Virilio, P. (1997b) 《Voyage d'hiver》, Marseille : Éditions Paranthèses.
도시계획 및 건축 문제를 놓고 마리안느 브라우쉬Marianne Brausch와 나눈 연속 대담.

_____ **(1999)** 《The Politics of the Very Worst》, trans. M. Cavaliere and S. Lotringer, New York : Semiotext(e).
필리페 페티와 테크놀로지 및 정치를 논한다.

Virilio, P. and Baj E. (2003) 《Discours sur l'horreur de l'art》, Lyon : Atelier de Création libertaire.
이탈리아 무정부주의자이자 아방가르드 예술가인 엔리코 바이와 예술을 논한다.

Virilio, P. and Lotringer, S. (1997) 《Pure War》, trans. B. O'Keefe, second edition, New York : Semiotext(e).
실비어 로트링거와 벌인 이 토론에서 '순수전쟁'이란 핵심 개념을 전개한다.

_____ (2002)《Crepuscular Dawn》, trans. M. Taormina, New York : Semiotext(e).
바이오테크놀로지에 대한 사유를 전개한다.

_____ (2002)《The Accident of Art》, London : Semiotext(e).
비릴리오는 이 대담에서 현대 예술과 사고의 문제에 대한 담론을 계속한다.

| 비릴리오에 대한 논의 |

다음은 비릴리오를 다룬 저작 목록이다. 비릴리오를 부분적으로 다룬 저작들은 〈비릴리오 이후〉 장에서 언급한 바 있으며 참고문헌에 실려 있다.

Armitage, J., ed. (2000)《Paul Virilio : From Modernism to Hypermodernism and Beyond》, London : Saga.
비릴리오에 대한 소중한 비평 에세이 모음집으로, 그의 저작에 담긴 주요 측면을 모두 망라한다.

Der Derian, J., ed. (1998)《The Virilio Reader》, Oxford : Blackwell.
비릴리오를 다룬 우수한 입문 독본 모음집.

Redhead, S. (2004a)《Paul Virilio : Theorist for an Accelerated Culture》, Edinburgh : Edinburgh University Press.
비릴리오에 관해 최초로 단독 저자가 영어로 출간한 저작.

_____ (2004b)《The Paul Virilio Reader》, Edinburgh : Edinburgh University Press.
비릴리오에 관한 영어 입문 독본 제2권.

| 참고문헌

Apollonio, U. (1973) *Futurist Manifestos*, trans. R. Brian *et al*., Boston MA : MFA Publications.

Baudrillard, J. (1995) *The Gulf War did not Take Place*, trans. P. Patton, Sydney : Power Publications.

Benjamin, W. (1974) *Illuminations*, trans. H. Zohn, London : Fontana.

Best, S. and Keller, D. (2001) *The Postmodern Adventure : Science, Technology, and Cultural Studies at the Third Millennium*, London : Routledge.

Clausewitz, C. (1968) *On War*, trans. J. J. Graham, Harmondsworth : Penquin.

Conley, V. A. (1997) *The Environment in Poststructuralist Thought*, London : Routledge.

Crosby, A. (1997) *The Measure of Reality*, Cambridge : Cambridge University Press.

Cubitt, S. (1998) *Digital Aesthetics*, London : Sage.

Cubitt, S. (2001) *Simulation and Social Theory*, London : Sage.

Davis, C. (2004) *After Poststructuralism : Reading*, Stories, and Theory, London : Routledge.

Deleuze, G. (2001) *Difference and Repetition*, trans. P. Patton, London :

Continuum.

Der Derian, J. (1992) *Antidiplomacy : Spies, Terror, Speed, and War*, Oxford : Blackwell.

Der Derian, J. (ed.) (1995) *International Theory : Critical Investigations*, Basingstoke : Macmillan.

Der Derian, J. (2001) *Virtuous War : Mapping the Military-industrial-Media-Entertainment Network*, Boulder CO : Westview Press.

Der Derian, J. and Shapiro, M. J. (1986) *International/intertextual Relations*, Lexington MA : Lexington Books.

Derrida, J. (1997) *Of Grammatology*, trans. G. C. Spivak, Baltimore MD : Johns Hopkins University Press.

Derrida, J. (2005) *On Touching–Jean-Luc Nancy*, trans. C. Irizarry. Stanford CA : Stanford University Press.

Desbarats, C., Lageira, J. *et al*. (1993) Atom Egoyan, Paris : Dis Voir.

Descartes, R. (1999) *Discourse on Method*, trans. D. Clark, London : Penguin.

Ellul, J. (1965) *The Technological Society*, trans. J. Wilkinson, London : Jonathan Cape.

Foucault, M. (1995) *Discipline and Punish*, trans. A. Sheridan, London : Vintage.

Heidegger, M. (1962) *Being and Time*, trans. J. MacQuarrie, Oxford : Blackwell.

Heidegger, M. (1993) *Basic Writings*, ed. D. Farrell Krell, London : Routledge.

Husserl, E. (1970) *The Crisis of European Sciences and Transcendental*

Phenomenology, trans. D. Carr, Evanston IL : Nothwestern University Press.

Husserl, E. (1997) *Thing and Space. 1907 Lectures, Collected Works* VII, trans. R. Rojceqicz, Dordrecht : Kluwer.

James, I. (2006) 'Phenomenology in Diaspaora : Paul Virilio and the Question of Technology' in *French Cultural Studies*, 17 (3), London : Sage.

Joly, C. (2004) *Claude Parent, Paul Virilio, Église Sainte-Bernadette à Nevers*, Paris : J.-M. Place.

Kaplan, D. M. (2004) *Reading in the Philosophy of Technology*, Lanham MD : Rowman and Littlefield.

Kroker, A. (1992) *The Possessed Individual : Technology and the French Postmodern*, New York : St Martin's Press.

Leach, N. (ed.) (2002) *The Hieroglyphs of Space : Reading and Experiencing the Modern Metropolis*, London : Routledge.

Leslie, E. (2000) *Walter Benjamin : overpowering Conformism*, London : Pluto.

Martin, L. H. (1998) *Teachnologies of the Self*, Amherst MA : University of Massachusetts Press.

McQuire, S. (1998) *Visions of Modernity : Representation, Memory, Time and Space in the Age of the Camera*, London : Sage.

Merleau-Ponty, M. (2002) *Phenomenology of Perception*, trans. C. Smith. London : Routledge.

Morgenthau, H. (1993) *Politics Among Nations*, New York : McGraw-Hill.

Plotnisky, A. (2002) *The Knowable and the Unknowable : Modern Science, Nonclassical thought and the 'Two Cultures'*, Ann Arbor MI : University of Cichigan Press.

Smith, A. (1993) *The Wealth of Nations*, Oxford : Oxford University Press.

Sokal, A. and Bricmont J. (1998) *Intellectual Impostures : Postmodern Philosophers' Abuse of Science*, London : Profile.

Stiegler, B. (1994) *Technics and Time* I, *The Fault of Epimetheus*, trans. R. Beardsworth and G. Collins, Sanford CA : Stanford University Press.

Stiegler, B. (1996) *La Technique et le temps* II, *La Désorientation*, Paris : Galilée.

Stiegler, B. (2001) *La Technique et le temps* III, *Le Temps du cinéma et la question du mal-être*, Paris : Galilée.

Sun Tzu (1963) *The Art of War*, Oxford : Oxford University Press.

Waltz, K. (1979) *Theory of International Relations*, Reading MA : Addison-Wesley.

Wilmotte, J.-M (1999) *Architecture intérieure des villes*, Paris : Le Moniteur.

찾아보기

ㄱ

가상 현전 83, 88, 90, 104, 108, 138

가상화(사막화) 73, 78, 81, 94, 102, 110, 147, 162, 207, 208, 211

가속도의 벽 52

감정 민주주의DEMOCRACY OF EMO-TION 172

개념 예술CONCEPT ART 190

게슈탈트 심리학Gestalt psychology 24, 37, 38, 42, 45

공식 예술official art 190

《공황의 도시City of Panic》(비릴리오, 2005) 78, 172

국제관계이론 11, 203, 204, 205

국제정치학 203

군사기계military machine 141

《귀신 들린 개인들The Possessed Individual》(크로커, 1992) 19, 210

《극의 관성Polar Inertia》(비릴리오, 2000) 28, 55, 59, 60, 62, 63, 66, 68, 70, 72, 81, 93, 94, 95,

《기만의 전략The Strategy of Deception》(비릴리오, 1999) 143

ㄴ

노출 시간time of exposure 67, 68, 103

노출의 집중 시간intensive time of exposure 110

능동 광학active optics 97, 98

다다운동(다다이즘)Dada movement 183, 184

ㄷ

대규모 광학Large-scale optics 70, 71

데어 데리안, 제임스Der Derian, James 204

도시(폴리스) 116, 153, 155, 158, 159, 160, 162, 163, 167, 168, 169, 171,

174

도시계획 14, 25, 26, 35, 46, 114, 115, 153, 208

《동력의 기술The Art of the Motor》(비릴리오, 1995) 28, 179

동력motorized 예술 179

ㄹ

레드헤드, 스티브Redhead, Steve 136, 151

로트링거, 실베레Lotringer, Sylvère 115, 117, 131, 203

ㅁ

맥과이어, 스콧McQuire, Scott 206, 207

메를로 퐁티, 모리스Merleau-Ponty, Maurice 24, 29, 30, 82, 100, 153

메타시티meta-city 168, 169, 174

문화 11, 46

ㅂ

바이, 엔리코Baj, Enrico 182, 192

반국가주의 157

《벙커의 고고학Bunker Archeology》(비릴리오, 1975) 119, 120, 123, 124, 125, 128, 131, 137, 155, 160

베스트, 스티븐Best, Stephen 205

벤야민, 발터Benjamin, Walter 15, 16

병참(학) 117, 118, 139, 155, 156

보드리아르, 장Baudrillard, Jean 146

《부정의 지평Nagative Horizon》(비릴리오, 2005) 33, 34, 35, 44, 52, 56, 70, 72, 73, 80, 83, 157, 162, 164, 179

브리크몽, 장Bricmont, Jean 63, 64

빛시간light-time 64, 65, 67, 68, 69, 73, 86, 90, 103, 110

ㅅ

사고이론 193, 194, 195

《사막의 스크린Desert Screen》(비릴리오, 2005) 116, 143, 147

사치, 찰스Saatchi, Charles 190

사회이론 11, 203, 206

산업자본주의 153, 188

생방송 104, 108, 147

소멸의 미학 83, 85, 86, 89, 93, 110,

138, 184, 185, 206

《소멸의 미학The Aesthetics of Disappearance》(비릴리오, 1991) 86, 179

소칼, 앨런Sokal, Alan 63, 64

속도공간speed-space 54, 64, 65, 66, 68, 68, 69, 73, 124, 136, 137

속도기계speed machine 80, 81, 91, 93, 94, 108, 110

《속도와 정치Speed and Politics》(비릴리오, 1986) 52, 117, 155, 157, 160

속도의 빛 64

속도학(질주학) 51

손자孫子 69, 122

순수전쟁 133, 134, 136, 146, 155, 204, 211

《순수전쟁Pure War》(비릴리오·로트링거, 1997) 203, 204

스티글러, 베르나르Stiegler, Bernard 209

스핀정치politics of spin 105

《시각 저 끝 너머의 예술L'Art à perte de vue》(비릴리오, 2005) 179, 186

시각기계 81, 94, 98, 99, 100, 104, 106, 108, 110

《시각기계The Vision Machine》(비릴리오, 1994) 28, 63, 82, 86, 93, 96, 100, 104, 108, 110, 171

시간정치(학)chronopolitics 154, 164, 169, 173

시뮬라크르simulacrum 59

실시간 102, 103, 104, 106, 108, 110, 161, 163, 168, 171

실시간의 전제정치tyranny of real time 169

ㅇ

아미티지, 존Armitage, John 193

아인슈타인, 알베르트Einstein, Albert 60, 61, 63, 68

《열린 하늘Open Sky》(비릴리오, 1997) 55, 70, 162

《영토의 불안정성The Insecurity of Territory》(비릴리오, 1993) 28, 78, 131, 134, 155, 156, 159, 160, 169

영화 11, 12, 14, 83, 85, 86, 89, 110, 138, 141

《예술 사고The Accident of Art》(비릴리오,

2005) 179

《예술과 공포Art and Fear》(비릴리오, 2003) 179, 180, 185, 188

《예술의 공포에 대한 담론Discours sur l'horreur de l'art》(비릴리오, 2003) 179

예술의 사고the accident of art 195, 196

운송 테크놀로지 13, 14

원격 위상성(적)teletopological 81, 82, 83

원격이미지tele-image 105

원격현전tele-presence 93, 94, 98, 100, 102, 104, 106, 110, 171, 172, 174, 206, 211

유럽 철학 15

《유럽 학문의 위기와 선험적 현상학Die Krisis der europaischen Wissenschaften und die transzendentale Phanomenologie》(후설, 1937) 17, 99

인격주의personalism(운동) 152, 153, 159, 161, 173, 174

《인민 방어와 생태 투쟁Popular Defence and Ecological Struggles》(비릴리오, 1990) 118, 120, 133, 155

인본주의 152, 157

《잃어버린 차원The Lost Dimension》(비릴리오, 1991) 28, 54, 81, 85, 89, 93, 162

입체적 돋을새김 70, 71

ㅈ

저브러그, 니콜라스Zurbrugg, Nicholas 160

전송 테크놀로지 13

전송속도 13, 35, 52, 80, 94, 155, 161, 162, 163, 169

전쟁 11, 46, 106, 110, 115, 116, 118, 120, 121, 122, 124, 136, 141, 147, 156, 183, 203, 204

《전쟁과 영화War and Cinema》(비릴리오, 1989) 14, 138, 139, 141, 179

전쟁기계 205

《정보과학의 폭탄The Information Bomb》(비릴리오, 2005) 63, 166, 167

정치 11, 46, 106, 110, 116, 118, 147, 163

제3전선 129

제4전선 137, 142, 143, 144, 146, 147

종말론ESCHATOLOGY 철학 197

지각의 병참학logistics of perception 138, 142

지각의 정치politics of perception 43, 196

《지각의 현상학Phénoménologie de la perception》 100

《지적 사기Intellectual Impostures》(소칼·브리크몽, 1998) 63

진보 52, 165

질주경 관찰Dromoscopy 56, 57, 58, 80, 81

질주권圈(dromosphere) 51, 59, 60, 62, 64, 66, 68, 69, 70, 71

질주정체政體(dromocracy) 52

질주학dromology 35, 51, 53, 64, 69, 72, 73, 77, 78, 147, 153, 174, 197, 205, 211

집중 시간(성)intensive temporality 110, 172

ㅊ

채플린, 사라Chaplin, Sarah 208

초현실주의 184

총력전자전total electronic war 144, 146

총력전Totalkrieg 129, 131, 132, 146

총력평화Total Peace 131, 132, 133, 134, 136, 146, 155

최소국가MINIMUM STATE 164, 165

《최초의 사고The Original Accident》(비릴리오, 2005) 193, 197

ㅋ

캐플란, 데이비드Kaplan, David 12, 13

켈너, 더글러스Kellner, Douglas 154, 205

콘리, 베레나 앤더마트Conley, Verena Andermatt 208

큐비트, 션Cubitt, Sean 207

크로커, 아서Kroker, Arthur 19, 210

ㅌ

탈도시post-urban 208

탈산업사회 104, 211

테크노과학 17, 18, 135, 195, 204

테크놀로지 12, 13, 15, 16, 19, 20, 46, 52, 53, 64, 69, 87, 97, 104, 109, 132, 135, 139, 140, 146, 154, 158, 159, 160, 161, 163, 165, 168, 169,

179, 180, 181, 183, 191, 192, 193,
194, 195, 197, 205, 210, 211, 212
테크놀로지 공포증 136, 191, 192
텔레비전 12, 62, 89, 90, 91, 92, 95,
101, 102, 104, 106, 107, 138
통신 테크놀로지 13, 14
투명transparency 94, 95, 96, 97

ㅍ

파동광학wave optics[optique ondulatoire]
89, 98, 99, 100, 104, 144
파랭, 클로드Parent, Claude 25, 45, 47
페티, 필리페Petit, Philippe 169
폰 클라우제비츠, 카를von Clausewitz,
Karl 69, 118, 119, 131
《폴 비릴리오: 가속화한 문화 이론가

Paul Virilio: Theorist for an Accelerated
Culture》(레드헤드, 2004) 151

ㅎ

핵 억지력 119, 131, 132, 134, 135,
136, 155, 204
현상학 15, 16, 18, 27, 28, 29, 30, 32,
33, 37, 55, 60, 62, 64, 65, 109, 110,
209, 210
현전現前(presence) 77
형태심리학 37, 38
홀딩, 에릭Holding, Eric 208
환경 11, 208
후설, 에드문트Husserl, Edmund 15, 16,
17, 18, 19, 24, 28, 29, 30, 65, 66,
99

속도의 사상가 폴 비릴리오

첫판 1쇄 펴낸 날 2013년 1월 15일

지은이 | 이안 제임스
옮긴이 | 홍영경
펴낸이 | 노경인

펴낸곳 | 도서출판 앨피
출판등록 | 2004년 11월 23일 제318-3130000251002004000272호
주소 | 서울시 영등포구 양평동 2가 양평빌딩 406-1호
전화 | (02)336-2776 팩스 | 0505-115-0525

ⓒ 앨피

ISBN 978-89-92151-47-4